拝啓「オトナ理系男子」さま、“着づかい”のコツお教えします

パーソナルスタイリストの紙上「上質おしゃれ」教室

境野詢子

JN158528

ワニブックス
PLUS新書

はじめに

名刺なし、広告なし、ホームページなし、オフィスなし、ファッション業界の肩書きなし、口コミのみに徹した形態で、お客さまとの信頼関係と特別感を強みにした、男性ファッションとライフスタイル全般に関わるアドバイザリーがわたしの仕事です。

東京で個人向けのスタイリングのアドバイザリーサービスを開始した頃は、スタイリストといえば、主に雑誌や業界でのプロを指し、個人向けのサービスは、まだ珍しかった時代です。

わたしがアメリカに留学していた2000年初め頃、都市部では富裕層の個人向けのビジネスが注目され始めていました。パーソナルショッパー（お買い物アシストをするプロ）や、ソフトファニッシング・コンサル（カーテン、クッションなどを使った自宅インテリア改装のプロ）がその代表的なものです。近い将来、日本でも同様なニーズが出てくるはずと、その頃に肌で感じていました。

恋愛やおしゃれの成功がしあわせ感に直結する女性とは違う観点で、男性はファッションというものを捉えています。紹介者に連れてこられ、わたしに会ってしまったことが、変身するきっかけになった男性もいらっしゃいました。当然のことながらこれまでファッションに無頓着で興味がなかった人ほど、劇的な変化を遂げられます。

成功するため、モテるため、トレンドを追う男性ファッション誌は、世の中にあふれています。そのように戦略的にファッションを武器として利用することに反対ではありません。パワードレッシングのように、権威（パワー）を纏《まと》う（ドレスする）装いで本人のモチベーションや周囲からの対応が一変するのがファッションのすごさであり、また一方で怖さでもあります。なぜなら服だけを変えてしまうのは簡単かもしれませんが、拙速なイメチェンは必ずリバウンドするからです。

ほとんどの男性は、人生の時間の大半が仕事で占められています。しかし仕事の成功だけが人生のしあわせではないことも、大人ならわきまえていることでしょう。男性の役割や働き方・生き方は、従来になかった多様性に富んだ時代を迎えています。

わたしは大人の男性が、自分の仕事や生活、周囲との調和をよく考えたうえで服を選び、着こなすことを**〝着づかい〟**と名づけました。

毎日の着づかいの基本は、シルエット重視で定番ベーシックに徹することでOKです。それだけでも十分、男性の「ステキ化」に大きく貢献できます。着づかいは、大きな対価を得ることだけが目的ではありません。むしろ小さな発見をしあわせ感の糧《かて》とすることに近いように思います。毎日何気なく服を着る行為でも、言葉を選ぶように主体性をもって選択できるようになると、個性がいっそう輝きだします。そして、仕事や専門分野以外の楽しみのフィールドを広げていくことにもつながっていくでしょう。

相手や周囲への思いやりを自然なかたちで滲《にじ》ませる着づかいの実践は、性差を超えた円満な人間関係の構築に貢献すると信じています。また毎日の小さな着づかいを糧に、いろどり豊かな人生を歩むことに役立てていただきたい、という願いを込めて、この本を執筆しました。

現代のデジタル技術では画像上の顔やシルエットをいくらでも修正できますが、**それぞれの人が持つ声の色や気配、香りはかけがえのない独自なもの**です。目には見えない部分ですが、相手にも、そして自分にも作用する、とても大切なエレメントです。
　近年の日本流クールビズの流れに象徴されるように、ビジネスファッションも時代と共に変化してきました。以前にも増して、相手との距離感と場の空気を察知しながらの、ビジネスマンとしての柔軟な対応が求められています。また職場や取引先でも、女性が活躍の場を広げています。仕事においても、プライベートでも、関わる人の半数が女性です。女性の目線、女性の感じ方は、男性と大きなギャップがあることについても、本書の至るところで触れていますので、ぜひご参考になさってください。

　この本は、ファッションのハウツー本ではありません。「仕事の成果さえ出せば文句はないだろう」「いまさらおしゃれなんて恥ずかしい」と決めつけがちな、**オトナの理系男子**に向けて書いた本です。というのも、わたしがこの仕事を始めてから、ご相談に来られるお客さまに理系の方の割合がずいぶん多いことに気づいたからなのです。素晴らしいお仕事をなさっていて、人前でのプレゼンテーションや講演、さらにはメディアへの露出もある方々が、もうちょっとだけ〝着づかい〟を心がければ、より多くの成果が得られると思ったのです。

奥ゆかしく、ときには泥臭さを美徳とする理系男子には、おしゃれやファッションに対してとかく苦手意識があり、自分とは関係ない領域だと決めつけがちのように感じています。

だからといって、理系男子も、全くファッションに興味がないわけではないはずです。自分の装いが変わったら、対外的にどんなメリットがもたらされるのかという因果関係には興味を持っているでしょう。とはいえ、理系男子は基本的に好奇心旺盛な反面、物事を懐疑的に捉える訓練もなされており、引っ込み思案な方が多いようにも見受けられます。

そんな、おしゃれに対してアレルギーを持つ理系男子への処方箋として提示したいのは、「お洒落」の定義です。何かおもしろい話を指して、「洒落が利いている」という表現があるように、洒落（しゃれ）とは、垢抜けていること、気が利いているという意味です。

一説によれば「洒落」の語源は、「曝れる（しゃれる）」、つまり「曝される（さらされる）」の意味であり、**「曝されて余分なものがなくなったこと」**だそうです。

気の利いた話も、おしゃれな服装も〝余分なものがなくなった状態〟という共通項があるのです。科学や物理の実験と同じように考えれば、おしゃれに対する抵抗感が軽減しませんか？

好奇心と探求心こそ、着づかいの最大の味方です。いったんスイッチさえ入れてしまえば、あとは継続可能な仕組みをどれだけ日々の生活の中に無理なく組み込めるかが、キモになります。

紳士服には、階級や社会的地位と不可分に進化してきた歴史があり、明確なルールが存在します。ロジックの好きな理系男子にはカジュアルファッションよりも、まさに理にかなったビジネスファッションでの変身から始めるのが適していると思います。

感性やセンス、トレンドが支配的で多様性を極める女性のファッションとは対照的に、男性のファッションには画一的な傾向があります。だからこそディテールの巧拙が勝負どころとなります。制約がある中で細部にこだわり、とことん突き詰める。まさにこれって理系男子の得意な分野ではないでしょうか。

本書は、ワードローブや靴、シャツなどについて解説したそれぞれの章の中で、概論から始めて、STEP①＝カンタンに手をつけられて、すぐに効果が出る基本編。STEP②＝ちょっと時間がかかるけれど、かなり「ステキ化」する中級編。STEP③ここまでいけばあなたも〝着づかい〟上級者。という3ステップで、〝大人の着づかい〟についてお話ししていきます。

なお、この本ではスーツもジャケパンスタイルも上着はジャケットと呼ぶことにします。スポーツ選手が制服として着ることが多いブレザーもジャケットの範疇《はんちゅう》に入ります。下半身にはくものはズボン、スラックス、トラウザーズ、ボトムスなど、さまざまに呼ばれますが、この本ではパンツで統一します。

もくじ

第3章　服の中身にも〝着づかい〟を……63

第1章

ワードローブ・マネジメントが〝着づかい〟の第一歩

ワードローブにあなたの人生が凝縮される

「ワードローブ」は本来、衣裳ダンスを指す用語でしたが、それから派生して、洋服や靴など衣服全般を意味するようになりました。男性はあまり意識していないかもしれませんが、女性にとっては身近でなじみ深い単語です。恋愛やトレンドファッションに対しては女性のほうが何倍も敏感ですし、コーディネート術は女性雑誌で定番のテーマ。

おしゃれに敏感な一部の男性を除いて、一般的に見れば自分のワードローブに対して関心が薄い人がほとんどです。理系男子は特にその傾向が強いようです。

アメリカの小説『グレート・ギャツビー』、何度も映画化され、最近の2013年公開バージョンでは、レオナルド・ディカプリオが主演を務めたのでご覧になった方も多いのではないでしょうか。原作では、ギャツビーが憧れていた愛しのデイジーと再会を果たし自邸に招くシーンで、最初にギャツビーが彼女を案内するのは彼のワードローブでした。そこにはカラフルなシャツがずらりと並べられていて、煌《きら》びやかな色が風に舞う描写が美しい場面です。

それは、努力の末にギャッツビーが築いて手に入れた地位と財力の象徴のようなワードローブで、ギャッツビーの夢と忘れられない恋心が凝縮されていました。そう、ワードローブの中身は、持ち主の社会的な位置づけを端的に示すのです。

STEP①　各アイテムの「仕分け」をする

ワードローブ・マネジメントの第一歩

わたしが顧客のスタイリングを行う際には、まず最初にヒアリングをすることから始めます。その一番めの質問は「ワードローブについて」です。そうすると、「今までそんなことを考えたことはなかった」とおっしゃる男性が多いのです。もしかしたらあなたもワードローブを、パートナーや家族に任せっぱなしにしていませんか？

決して他人任せにしないで、自分で管理しましょう。

女性向けのライフスタイル本で『フランス人は10着しか服を持たない』（大和書房刊）というベストセラーがあります。パリのアパルトマンの収納スペースは東京並みに小さいので、手持ちの服の中から10着を選び抜くコツが紹介されています。10着に絞ることがポイントで、服を厳しく見極めて、取捨選択する行為を通して、生き方が楽になるという内容です。

10着にこだわることはありませんが、もはや着ることのない服をいつまでもタンスの肥やしにしておく必要もありません。顧客のワードローブ調査を行うと、その持ち主のライフスタイルが歴然とわかってしまいます。パソコンのデスクトップのアイコンを見れば、その人の仕事内容がある程度わかるのに似ていますね。

ファッションに興味がないという人ほど、実はクローゼットの中に服があふれているものです。時代を感じさせる年季の入ったアイテムまで埋もれています。誰でも人生を重ねていくにつれて、体型の変化があり、立場や役割が変わり、取り巻く職場の環境も変わっていきます。服も人生とシンクロして、進化していくのが自然なのです。

クローゼットが飽和状態に陥る原因の一つに、ワードローブの中身と現状のライフスタイルとの乖離《かいり》状態が挙げられます。ワードローブ・マネジメントでは、まず各アイテムの「**仕分け**」をします。

現役で使えるコンディションかどうかを厳しくチェックして、「現時点で着ない」と判断したら即処分すること。理系男子にはとかく、服を実験に使う道具のごとく捉えているケースが見受けられます。当面必要ないとわかっていても保管しておく、もしかしたら使う可能性があるかもしれないときに備えている、とよく言えば物持ちがいいのですが、ワードローブが不要物に占有されているケースが多く見受けられます。

「いつか着るかもしれない」の〝いつか〟が訪れる可能性は非常に低いものです。

今の自分にサイズが合わないもの（＝はけなくなったジーンズ、タックが入ったゆるゆるパンツ）、今の立場に合わないもの（＝就活で着たスーツ、学生ノリのリュック）、今の**気持ちと一致感覚がない**もの、着心地が悪いもの、時代遅れのデザインのもの（＝

バブル時代を思わせるジャケット、腕周りのたっぷりしたセーター)、柄が奇抜なネクタイ(=昔の彼女からもらったキャラクター柄のネクタイ)、それらはすべて処分の対象です。また、着る頻度が高いお気に入りのものはどうしても傷みが早いので、見た目がくたびれたら、躊躇《ちゅうちょ》せずに新しいものと入れ替えましょう。

一見おしゃれそうな理系男子でも、本人の年齢にそぐわなくなったブランドのリピート買いが見受けられます。ある種の安心感のせいで、いつまでも脱却できないのかもしれません。また、理系男子は効率を重視するあまり、服探しの無駄な時間を嫌うため、服を買うショップを決めたら、そこだけに通い続ける傾向もあります。ブランドの店員さんからしたら、鴨が葱を背負ってきたようなものです。

定期的にワードローブの棚卸しを実践することで、オトナの着づかいと服に対する感度が磨かれます。現状に必要なアイテムと不要になったアイテム、不足しているアイテムが客観的に見えてきます。季節を問わず通年で着られるもの、流行に左右されない定番、お気に入りで何度も着る服は〝**資産**〟に値します。

買ってはみたけれどイマイチ気分が乗らない服との差異を明確にして、ムダなアイテムをそぎ落としていきましょう。

そうやってふるいにかけていけば、何度もリピートする服はしっくり合っていて**肌との一致感覚**が良いはずです。それらはどれも、ベーシックな定番アイテムだということが客観的にわかるでしょう。

ヘビーローテーションの基本アイテムは、**コア資産そのもの**です。上質なものに格上げしても損はありません。オールマイティーに活躍する王道アイテムの例には、ネイビーのジャケット、グレーのウールパンツ、無地のネクタイ、白のシャツ、白のポケットチーフ、形のきれいなベージュのコットンパンツ、上質な皮のベルトなどがあります。

「クローゼットの中に服はあふれているのに、デートにどれを着ていいかわからない」
「毎朝のコーディネートに時間がかかる」

そんな方は、ワードローブの中身を客観的に把握せずに服を購入してしまう消費行動に原因があります。「木を見て森を見ず」、つまり着回しを考えずにネットなどで即買いするなど、そのときの気分でなんとなく服を買ってしまった経験はありませんか？

ワードローブは、基本のテイストを決めて、全体的に統一感を持たせましょう。

たとえば、ジャケパンスタイルのジャケットを新調する場合には、あらかじめ自分のワードローブを把握しておくことが必要不可欠なのです。パンツの色と風合い、合わせるベースのシャツ、ポケットチーフ、ベルトの色……。単品で見ると魅力的でも、着回しができないと出番があまりなくなって、結局無駄になります。地味に思われますが、ワードローブを基本の定番アイテム中心に揃えることに徹しておくと、コーディネートでの失敗は事前に回避できるのです。まずは失敗しないことから始めて、成功への道を進みましょう。

クローゼットか玄関の近くには、**全身を映し出せる姿見**をぜひ置いてください。靴まで履いて全身を映し出してコーディネートを客観的に見つめることは、着づかいのセンスを高め、ステキ化に向けて大いに貢献します。

職場のファイルマネジメント手法を活用

たいていの職場には「ファイリングシステム」がありますね。なぜか家庭やプライベートでこのファイリングシステムのマネジメント手法を活用している方はほとんどいません。一般の家庭には会社ほど多くの書類はないので、本棚の隅にちょっとだけ職場のファイリングシステムの仕組みを応用して管理すれば、とても楽になります。

ファイルマネジメントでまず行うべきことは、どんなファイルがどれだけあるか調査して、分類したうえで収納場所を決めることです。その際、必ず不要な書類の処分も並行して行います。ワードローブのマネジメントもこれと同じプロセスを取ります。最初にどんな種類の服がどのくらいあるかしっかり把握したうえで、分類し、不用品を処分し、必要な収納場所を決めるという流れです。

必要な服の種類と分量、アイテムごとの収納場所を決めるプロセスの中で、その服の利用頻度が把握できるようになります。利用頻度の高いものはワンアクションで取り出せるようにして、季節物やフォーマルなど頻度の低いものは、引き出しに収納します。

大切なのは、**動線を考慮した配置にする**ことです。ワードローブのマネジメントに取り掛かると、服を春夏物と秋冬物に分類して、季節ごとに移動したほうが合理的だと、きっと気がつくことと思います。

コントロールの利いたクローゼットに向き合うと、毎回のコーディネートがスピーディーになり、服で迷う時間が短縮されて日々のストレスが軽減されます。

STEP②
クローゼットのサイズに合わせて効率的に収納

クローゼットには余白が必要

では大人の男性一人分のワードローブを収めるためのクローゼットはどのくらいのスペースが必要でしょうか。パリのマダムのように10着に絞るのはなかなか難しいことですが、しっかり棚卸しをすれば、クローゼットの幅が最低一間《けん》（1・8メートル）あればほぼ収まると思います。

日本の間取りの基本寸法は一間です。両引きの押入れがちょうど一間。畳の長辺も一間。その下の単位は一尺（0・3メートル）です。普通サイズのクローゼットは間口が一間、奥行き二尺。ただ、アパートや小さい部屋では間口が半間のクローゼットも存在します。一間のクローゼットに吊るせるのはジャケットであれば25〜30着でしょうか。

クローゼットが二間分であれば、それが占める床面積は、扉の開け閉めに必要な空間も考慮すると一坪、東京都心の分譲マンションで換算すれば300万円以上するスペースとなります。それだけコストの高いスペースを使っているのですから、効率的なワードローブ・マネジメントは必須なのです。

スーツのセットアップは、ジャケット用のハンガーにジャケットを吊るし、パンツはジャケットと同じハンガーに吊るします。異素材の上下を組み合わせる場合はハンガーパイプを二段にして下に吊るすと、コーディネートを考えるうえでも効率的です。

上着は丈が短いものが多いので、ハンガースペースの上と下のスペースは引き出しによる収納スペースにします。セーター、折りたたんだシャツ、靴下などの小物を入れましょう。ネクタイの収納は、ネクタイを小剣からロール状に丸めて保管すると、ネクタイの皺《しわ》が伸びコンパクトになって、旅行のパッキングのときにも便利です。

さて、クローゼットには水墨画のように、必ず**余白**が必要です。つまり新しいものが何着か入るくらいの余裕のある収納が望ましいのです。コート類などかさばる季節物は、クリーニング店の保管サービスを利用するのも一つの方法です。

色や季節感や用途によって服を整理しておけば、どう着回せるかが一目瞭然になります。理路整然と風通しの良いワードローブが完成した時点で、コーディネートはほぼ成功したも同然です。

STEP③

〝一着買ったら一着捨てる〟がクローゼットのリバウンドを防ぐ

ジャケット用のハンガーは厚みのあるものを

ワードローブの中身が整理されたら、次に実践すべきは洋服をかけるハンガーの見直しです。**ハンガーを統一する**と服と服との間隔が均等になるので、空間的にも心理的にもスッキリします。

クリーニング店の針金ハンガーをそのまま使っている方が多いようですが、絶対にNGです。あの簡易ハンガーは、あくまでも一時的な保管用。必ずジャケット用のハンガーに替えて、リサイクル用に返却しましょう。薄いハンガーが元凶となって、ジャケットの肩の立体感が崩れてしまうこともよく起こります。

「スーツをオーダーメイドにしてから、ハンガーにも気くばりができるようになった」

という方もいます。自分のお気に入りのものは、誰かにあれこれ言われなくても大事に扱いたくなるものです。スーツのジャケットは立体的なシルエットが命。何万円もする高級な木製のハンガーも存在しますが、プラスチック製でもＯＫです。厚みがあって肩幅までしっかり支えることができるスーツ用のハンガーなら合格です。

ワードローブのダイエット＝〝買ったら捨てる〟が鉄則

新しい服を買うとき、またはテーラーで新しいシャツやジャケットを作るとき、**〝古いアイテムは必ず捨てる〟**を実践する。これがクローゼットのリバウンドを防ぐ究極のコツです。「まだ捨てたくない」と思うときは勇気を持って購入自体を見送りましょう。

買おうかどうしようかと迷っているときに、「いやぁ、一度ご自宅に戻られて、ワードローブと相談してみたらいかがですか？」とアドバイスしてくれる店員さんがいたら、とても良心的なお店といえます。

ワードローブのダイエットを自分自身で定期的に実践することで、服に対するセンスが磨かれ、コーディネート力が養われます。**クローゼットのすべてのアイテムが現役で、選び抜かれた上質な服のみになっていく**からです。クローゼットを上手にマネジメントしていると、無駄な出費や衝動買いを防げて実に経済的です。

男性のショッピング行動で特徴的なのは、また買い物に出掛けるのが面倒だからという理由で、ストック買いをしたり、色違いを揃えたがることです。買ったら捨てるワードローブ・マネジメントを実践すると、こういう買い物の仕方を未然に防げて、良いアイテムが自然と残るようになります。

ワードローブを一緒に整理させていただいた顧客の皆さんは「服の量が減ったのに、逆に服で悩むことがなくなった。スッキリして気持ちが楽になった」とおっしゃいます。「ワードローブの中からどう組み合わせても自分としっくりいくのが不思議だった」と言われたこともあります。ここまで到達できたら、本当の意味でストレスフリーなワードローブが完成するのです。

1年は365日。たくさん服があればおしゃれになれるのでしょうか？　いいえ、その逆です。着こなしを自然体で品よく見せるには、服をある程度 **〝着慣らせる〟** 必要があります。たまにしか袖を通さない服は、なぜか落ち着きませんよね？　着ている本人が感じていることは、相手にも気配として伝わるものです。〝着慣れていないぎこちなさ〟が着こなしに表れてしまうからです。自分のクローゼットに収まる分量に厳選し、その中身を進化させていくプロセスが、大人の男性の着づかいには非常に効果的です。

理系男子こそ〝着づかい〟を

何気なく服を着るのではなく（意志を持って）、毎日身に着ける服に対して主体性を持って選べるようになると、毎日が同じ日の繰り返しというマンネリが打破できます。服は定番に徹して、自分らしさはディテールや小物で表現しましょう。あなたの見た目が相手に影響を与えることを心得て、〝大人の着づかい〟を自分の武器にしましょう。良くも悪くも相手の対応が自分に跳ね返ってくるのです。

男性のワードローブは、女性ほど種類が多いわけではありません。だからこそ選び抜かれた定番を揃える必要があるのです。ビジネスでのあらゆるシチュエーションに対応できる**基本のワードローブ**が実現できたら最強です。流行に惑わされることも、今日着る服で迷うこともうなくなります。

「服なんかに気を遣うほど暇じゃない」という声が聞こえてきそうですが、仕事が忙しい人、デキる人こそ自分自身の演出方法を心得ていて、ファッションの話題に詳しかったりします。ところが理系男子は仕事は優秀でもこの方面が苦手な方が多いのです。

「おしゃれなシャツですね！」という誉め言葉には、照れずに笑顔で「ありがとう！」と返しましょう。「いやいや」と謙遜する必要なんてありません。変身初期の頃は、なんだか気恥ずかしいと皆さんおっしゃいますが、自分に向けてくれた賞賛の声は、ありがたく受け取っていきましょう。それが確固たる振る舞いや自信につながるはずです。

理系男子は、ロジカルで研究熱心な方が多いので、一度ステキ化へ進みだしたならば**〝右ネジの法則〟**のごとく後戻りしません。誰からとやかく言われる必要がなく、自動操縦のようにスムーズな変身ができるのです。

第1章のまとめ

STEP①

・定期的にワードローブの棚卸しをして不用品を処分する

・動線を考えて収納をレイアウトする

STEP②

・買い物前にワードローブを整理すると衝動買いを回避できる

・季節ものなどかさばるアイテムは、保管サービスも利用

・全身を映し出す鏡でコーディネートをチェックする

STEP③

・ジャケット用のハンガーは厚みを統一する

・選び抜いた現役のみの少数精悦のワードローブに仕分けする

・ヘビーローテーションの定番アイテムは質を上げる

第2章

印象を劇的に変える髪型とメガネ

髪型編 STEP①

薄毛を武器にする

自分メンテの楽なショートヘア

「服の相談で来たのに、髪型を変えるの？」とびっくりされることもありますが、ヘアスタイルは、相手の第一印象を決めるうえで非常に重要です。

「たかが髪型」とあなどってはいけません。髪型は、**自分の顔にとっての額縁**に相当します。顔つきをすぐに変えることはできませんが、ヘアスタイルを一新させると、今まで自分の知らなかった個性が引き出されることだってあります。好奇心の強い人なら試してみたくなるはずです。日頃抱えている小さなモヤモヤも、ヘアチェンジという些細《ささい》な冒険でリフレッシュされ、メンタルが変わり、あっさり解決できてしまうかも。

わたしが相談にのった男性たちの多くがこっそり打ち明けてくれるのが〝薄毛〟に対する心配ごと。実際の統計でも、40代以降は3人に1人の割合で薄毛になると報告されています。誰にでも髪のクセはありますし、それなりに悩みはつきものです。人によっては髪がまっすぐ直毛すぎることが、コンプレックスになることもあります。

「自分で禿げる遺伝があるのを自覚しているので、髪の長さを維持していたいです」と言い張り、「どうしても前髪が目にかかるまで伸ばし続けたい」と主張する男性がいました。でも毎朝、自分のセットでは収拾がつかなくてイライラしているという矛盾を抱えていました。もともとのクセ毛が余計に事態をこじらせて、自分ではお手上げ状態だったのです。

その方には、前髪をバッサリ切って、おでこを出すショートヘアにするというソリューションを提案しました。いろいろお話しした結果、信頼関係のうえで出した結論です。最初は、ショートにすることに戸惑いを隠せませんでしたが、切ってみたら意外や意外、SNSで特に女性から圧倒的な支持があり、たくさん寄せられた「いいね！」の反応に自信をつけ、もう前の髪型に後戻りなんてできないと公言しています。

提案したショートヘアはバリカンでもできる坊主頭とは違って、すべての髪を同じ長さに切るわけではありません。ヘアスタイリストの技術で、繊細なラインを実現したものです。今では、ヘアサロンに行くごとに必ず次回の予約を入れて、3週間に一度はメンテナンスのために通っていらっしゃるそうです。そして、薄毛について本人はずいぶん心配していたけれど、周囲はさほど気にしていなかったことにも気づいたそうです。

ショートヘアのメリットは、自分でセットの再現が断然ラクになることです。朝のグルーミングの時間も短縮できます。寝ぐせの心配は不要。たとえ軽い寝ぐせがついたとしても、少し髪を湿らせてジェルで整えればすぐ直ります。髪型の悩みから解放されると、気持ちもサッパリするようです。

髪は、1か月で1センチ~1・5センチ程度伸びるので、**ショートヘアのステキな形状を維持するためには、3週間以内のメンテナンス**が必要になります。多忙で自分自身のことをあと回しにしがちな男性こそ、必ず次回の予約をスケジュールに組み込むことをお勧めします。

「通っているヘアサロンが快適なのでもっと高い頻度で行きたくなる」と、ショートヘアへのイメチェンを提案した男性が最近語っていました。ヘアサロンとの相性は大切です。彼が通うのは値段がやや高めですが、そのぶんカットの技術力の高さだけではなく、マッサージや接客にも定評のあるサロンです。そのサロンの周辺は美味しい飲食店がたくさんあるエリアなので、サロンに行くたびに、新しいカフェで、ひと息ついたりするのが楽しみとなったそうです。

髪型を変えることで見た目の印象が良くなれば、本人の気持ちが変わっていき、行動的にもなっていきます。周囲からのリアクションの変化が、結果的に自信につながるのです。

定期的なヘアスタイルのメンテナンスを、義務と感じるか、自分へのご褒美的なイベントと考えるかで動機づけとなる気持ちは正反対になります。せっかくだったら気持ちよく通い続けられるお店を追求してみませんか。

髪型編 STEP②

白髪は隠さず、むしろ武器とする

目指せ！　ダンディな白髪紳士

「男性の白髪ってズルい！」そう思っている女性は、決してわたしだけではないはず。髪の毛にグレーが混じることで、実は似合う色の幅が広がり、オトナ度がアップします。

女性は男性の白髪の量よりも、男性の顔のツヤ、顔つき、表情、肌の血色の良さを見ています。年齢や髪の量は個人差があるので比較対象にならず、男性が気にするほど気にしていません。むしろ**今ある髪をどう扱っているかに、生き方の姿勢そのものが表れる**からです。

白髪の出現によって、グッと大人の着こなしの幅が広がります。今まで似合わなかった春色パステルカラーが似合うようになります。頭髪の白を拾って、白のデニムやライトグレーのパンツを格好良く着こなせます。若くして重要なポジションについている男性であれば、白髪が成熟と頼もしさすら感じさせることもあります。

〝モテおやじ〟と称される殿方は、白髪の効果を心得ています。それを無精ヒゲにも活かして使っています。ヒゲを生やしているほうが、実は剃るだけよりもケアに手間がかかります。職業的に、実年齢よりも成熟した大人に見られることが求められる立場の男性、童顔の男性や欧米の男性は、ヒゲの特性を効果的に利用して演出しています。

しかし、ビジネスでギリギリ許されるヒゲの長さは、3ミリ程度です。


一方で白髪の原因に加齢や遺伝だけでなく、ストレスが関係していることがあります。特にストレスが原因の白髪は、健康や生活リズム、食生活を見直すサインです。マリー・アントワネットが断頭台に上る前夜、一晩にして白髪になったという逸話は、絵画に残っているほど有名です。実際には一晩で白髪になることはあり得ませんが、ストレスが髪に関係することは昔から知られていました。

せっかくヘアカラーをしたにもかかわらず、頭頂部に染めていない白髪が出現した富士山の山頂のようなプリン頭では魅力は半減します。「いいや、そうはいってでも黒髪がいいよ」という方は、腹をくって入念に染めるべきです。まゆ毛も染めましょう。染めた日は染料が落ちやすいので、よく髪の毛を乾かしましょう。それでも汗で枕やシーツに多少染料がにじむので、汚れ防止にタオルを枕に敷いておくといいと思います。

白髪が気になりだした方にもショートヘアはお勧めです。白髪は髪の毛が細く弱くなりがちで、長く伸ばすと髪を健康に維持することが難しくなります。ショートヘアにすれば生えたばかりの健康な髪だけが残ることになり、清潔感を保つのも楽です。

「ゴマ塩頭」と揶揄《やゆ》されるのか、「ダンディな白髪紳士」と呼ばれるのかの境界線は、**清潔感とシルエット**にあります。白髪を活かすには、髪の毛自体が健康なことが大切で、こまめなメンテナンスカットと日頃の正しいシャンプーが有効です。頭皮の乾燥も白髪に関係があるので、フケがジャケットに落ちていないか、チェックしましょう。白髪専用のシャンプーが市販されているので試してみる価値はありますよ。

髪型編 STEP③

スタイリングのコツとヘアサロン選び

ヘアサロンこそ浮気してみよう

今通っているヘアスタイリストさんとの関係は良好ですか？

来店してから最後まで一言も言葉を交わさずにお店を出たりしていませんか？

ヘアスタイリストは、大事な髪をお任せする相手です。別にへつらう必要はありませんが、何気ない雑談からスタイリストに伝わる情報が結構大事だったりします。

異性に対しては浮気心を見せる男性であっても、同じ理髪店さんに学生時代から律儀に通い続けているという人も少なくありません。かといってすごく気に入ってそこに通っているかといえば、そうでもなさそう。新しい店に行くのは面倒だから……と、女性からすると、不思議で不可解な男性の習性の一つです。

いつものお店から、チョット浮気してみることをお勧めします。いつものサロンの良さが再発見できたならまた戻ればいいだけですし、いくつかお店を知っておくことで選択の幅が広がります。全く知らないお店で冒険することに抵抗がある場合は、「ヘッドスパ」という頭皮に特化したマッサージメニューを試してみるのもいいかもしれません。

ヘアサロンを変えてみることのメリットは、技術力だけではありません。自分のことを知らない、初対面のスタイリストさんからの意見や提案は、とても新鮮です。脳科学的見地からも、人間は初めての経験をすると、脳の中でドーパミンなどの神経伝達物質の分泌が活発になり、刺激になってしあわせ感が増すそうです。

理髪店と美容院は、最近はボーダレスの傾向にあります。少し前まで男性は理髪店、女性は美容院、が暗黙の了解だったのですが、最近は美容院を利用する若い男性が増え、美容院で男性が女性に交じってカットされている光景が当たり前になりました。

また理髪店も時代と共に進化していて、本来のカットやシェービングに加えてネイルケアも併設し、居心地の良い空間やサービスを提供する店が増えています。セルフケアに自信のない方は、**眉毛をヘアカットのときに自然なかたちに整えてもらう**と失敗しません。普段は美容院でカットするけれど、髭のシェービングや肌や顔のお手入れのためには理髪店へ通うなど、用途によって使い分けしている男性も少なくありません。

わたしがショートヘアの男性にご紹介したヘアサロンは、海外にも進出している新しいタイプの理髪店です。内装はスタイリッシュで、ヘアカッティングクロスは不織布の使い捨てなので衛生的です。店内にはジャズのBGMが流れ、一人ずつセミクローズドなブースとなっていて周囲が気にならないので、とても落ち着く空間。照明がブースごとに調光可能で、シャンプーや肩のマッサージのときには少し暗くなるなど、細やかな配慮が伝わります。理髪店ならではのシェービングに加え、顔のパックやマッサージもオプションで追加できます。メンズエステに通うのに抵抗のある男性でも、理髪店であれば試しやすいのではないでしょうか。

カフェのようなドリンクのサービスもあります。美容院では珍しくないドリンクサービス、理髪店では斬新なアイデアですね。いまだに予約システムのない理髪店が多い中、ほとんどの顧客が退店時に次回の予約をします。忙しいビジネスマンにとって時間の有効活用ができるのもメリットになります。

定期的なヘアメンテナンスを継続させるシステム作りは、ヘアサロンの立地も関係します。サロンが自分の好きな街にあれば、外出がむしろ楽しみな時間にもなります。

自宅でもない職場でもない、**秘《ひそ》かに通う第三の街。**男性たるもの、たまにはこうした現実とは離れた空間、隠れ家的な場所が必要ではないでしょうか。第三の場所が、たとえば東京でしたら広尾、六本木、青山、表参道なら、ヘアサロン帰りにカフェに寄ったり、ワインバーに寄って一人の時間を楽しむこともできます。

スタイリングの極意は、クシやブラシを使わず指を使う

自分で行う際のスタイリングの基本は、〝**指を使う**〟です。ワックスを手のひらに広げて伸ばし、指で包むように根元から空気を入れてボリュームを出し、揉みこみます。白髪が多少出てきたときに、さりげなく目立たないようにカバーできるのも整髪料です。

ヘアサロンのメンテナンス周期があいてしまったときにも、おくれ毛など多少のことは整髪料で補正可能です。

プロ仕様の整髪料はネットや東急ハンズ、ロフトなどの小売店でも流通するようになりました。整髪料の香料が嫌いという方がいますが、最近は無香料が主流です。ヘアサロンで上手なスタイリストさんにカットしてもらったら、翌日から自分でも再現ができるように、必ずスタイリングの指南を頼みましょう。プロならではのコツを習得する機会です。**髪の質に合う適切な整髪料**をプラスすることでシルエット維持に貢献し髪のツヤが保てるので、男前度が上がり、見た目の清潔感も一気に向上します。

男性×ビジネス×ヘアスタイルとネットで検索すれば、トレンドの髪型を確認することができます。好感度が高いものが上位に並びますが、単にそれをコピーするのではなく、大まかなイメージをつかむ程度にしましょう。ビフォー・アフターの髪型画像で学んでほしいのは、二つの決定的な違いがどこにあるか？　ということです。

プロが仕上げる髪型は髪の分け目がパックリ分かれていません。これは女性のヘアスタイルにも共通することです。オールバックという意味ではありません。左右どちらか寄りではあるものの、**髪の分け目の線がニュートラル**です。

センターで分けるセンターパーツはハードルが高いのです。分け目をはっきりさせて似合うのは、顔のパーツの均整がとれていて目が左右対称、頬骨がしっかりしていて、顔の輪郭がシャープですこぶる良い人に限定されるからです。そんな人はごく少数です。

髪の毛はつむじの巻き方で方向性があるうえ、頭は球体です。毛流れは誰でもクセを持っていて一定ではありません。スタイリングの難しさを感じていたら、ラクになる解決策がありますから、不具合を見逃さないこと、そして決してあきらめないことです。

普段感じている悩みを、ヘアスタイリストさんに上手に伝えましょう。毛流れに逆らわずカットをしてもらい、局所的に髪の毛が集まりやすい箇所が出てきた場合は、その部分の毛量を調整してもらい、襟足をスッキリさせるとシルエットが整うので、毎日のセットが断然ラクになります。

日本のヘアサロンの技術と接客は世界一

日本のカット技術は世界一を誇ります。60年代は、頭の形を建築するようにカットする技術、ロンドン発のサスーンカットが一世を風靡《ふうび》し、カット技術は西洋に追いつけ追い越せの時代でした。今となっては世界トップの技術力を持つのは日本人のスタイリストだといわれています。一般的にアジア系の髪はコシがあって硬く、直毛なので、切りにくい髪質です。

パリやロンドンなど世界のトップ美容師の間では、不動の人気を誇る日本製バサミが活躍しています。腕もですが、それを支える道具は肝心です。日本のヘアサロンは、一流の技術に加えて、さらにおもてなしのレベルの高さが加わります。

海外生活の中で不自由に感じることの一つに、ヘアサロン難民になることが挙げられます。日本と同等のカット技術を求めると満足がいかない悲惨な結末、その割に高額になり……わたしも未《いま》だかつて満足のいく結果は皆無です。海外で自分に合ったヘアアーティストを探すなんて、至難の業だと悟りました。

たとえばアメリカの場合、カット料金はお店で一律ではありません。スタイリストのランクによって技術料が異なり、そのうえ人の手のかかるサービスには必ずチップが発生します。クレジットカード決済の場合は、チップのみ現金を用意するか、クレジットにチップ額を上乗せして支払います。

気の利いたサロンでは、技術料とは別にチップ分は現金手渡し用の封筒が用意されていて、そこに現金を入れて各担当者の名前を記入して渡します。

日本のように同じ担当者が最後まで施術をすることはなく、分業化が進んでいます。シャンプーする人はシャンプー専門、カットのスタイリストは髪を切るだけ、パーマ液やケミカルを扱う人、そして髪を染めるヘアダイはカラリストの仕事になります。それぞれの人に対してチップがかかるということです。ですから、ニューヨークで活躍するトップスタイリストの日本人の技術者を指名しようとなると、東京―ニューヨーク往復の旅費くらいかかってしまう、というのは実際の話です。日本のヘアサロンの料金は、先進国の中ではきわめて良心的な価格設定といえます。

……そうはいっても、短いサイクルでヘアサロンに通うことにコスト的な心配がある場合は、腕のいいスタイリストさんに頼んだ10日後に1000円カットなどの格安店で伸びた髪の分だけカットしてもらうという手もあります。こまめに行くとステキなシルエットが長持ちしますよ。

メガネ編 STEP①

あなたに似合うメガネ選びの基本

メガネは男の七難隠す変身アイテム

パスポートにメガネをかけた写真は使えない、ということを知っていますか？　最近、米国入国審査のところに「メガネをしたパスポート写真は認めない」と書いてあります。2016年11月からですが、メガネによる反射や影が、顔認証システムの障害となることから導入されたようです。米国入国審査官の隣にカメラがあり、そこで撮影された写真とパスポート写真との照合がコンピュータによって行われます。メガネは認証精度を下げるのです。それだけ**メガネは顔の印象を左右する**ことの証《あかし》です。

瞼は片方が一重、もう片方が二重と異なっていたり、目の高さが違っていたりして微妙に非対称なのが普通です。目の前でふとメガネを取った人の顔を見て、「あれ、こんな顔だったかな?」と相手の印象の違いに戸惑うことはありませんか? メガネをかけると、メガネの左右対称のレンズフレーム効果によって、顔パーツの非対称のアンバランスが補正されるのです。

興味深いことに、人間は「顔」を認識する特別な能力を持っています。「顔ニューロン」とも呼ばれる顔を識別する神経細胞があり、この神経細胞は、目がない顔では反応が薄くなります。まさに「目は口ほどにものを言う」のです。

舞台や映画で、俳優の役作りの小道具にメガネは欠かせません。メガネはアーティスト、医師、弁護士、経営者、エンジニアなどの職業を象徴的に物語るアイテムだからです。裏を返すと、〝メガネで七変化〟の効果を心得てしまえば、自分の雰囲気や気持ちを自在に操作することが可能です。または、果たすべき立場や役割に徹する〝**なりきりアイテム**〟にも活用できます。それも手のひらサイズのアイテムで瞬時に可能なのです。地味なスーツ姿でもメガネを変えることで、相手に与える印象は、簡単に変えられるともいえます。

「メガネは顔の一部です！」というメガネ屋さんのキャッチコピーは有名です。相手がどんな服装を着ていたかは思い出せなくても、メガネの有無は案外忘れないものですね。たとえば、子どもが普段メガネをかけているパパの似顔絵を描くときには、必ずメガネを描いてくれるように。

ＫＦＣ創始者のカーネル・サンダース像は、彼の60歳当時の姿の身長と体型がほぼ等身大で再現されているそうです。サンダース像がかけているメガネは本物で、レンズの度数までカーネル・サンダース本人が実際に使用していたものと同じだとか。ちなみにメガネのフレームは、世界的に有名な産地でもある福井県の鯖江《さばえ》産だそうです。

ジョン・レノンも丸メガネの印象が強く、メガネをはずした顔を思い浮かべるのは難しいのではないでしょうか？　実は丸ではないメガネも使用していますが、人々が思い浮かべるジョン・レノンのイメージは圧倒的にあの丸メガネでしょう。それほど彼のアーティストとしてのキャラクターに丸メガネがピタリと合っています。では、オノ・ヨーコは？　形はいろいろありますが、サングラスをしていることが多いですね。それが彼女のイメージを作っています。

公民権運動の指導者としてリーダーシップを発揮したマルコムXは、メガネで効果的に演出した一人です。彼のメガネは、アメリカを代表する老舗ブランド、SHURON（シュロン）でした。形は「眉」という意味の「ブロウ」。上の部分が厚く、ちょうどまゆ毛のように見えるから名づけられた形状です。彼のまゆ毛の形に合っているのでまゆ毛が隠れて、フレームが本当のまゆ毛のように見えます。今見ても決して古臭くは感じません。クラシカルで知的な雰囲気を演出しています。

メガネは、ときにはあなたの楯となってくれる救世主でもあります。シャイな男性は、「相手の目を見つめるのが苦手です」「相手からじっと見つめられるのも気恥ずかしい」

と口を揃えて言います。

そんなとき、**相手からの視線を上手に吸収してくれる**のが、メガネです。あまり存在感を際立たせたくないとき、柔和な表情を演出したいときには、半透明で肌の色が透けて見えるようなフレームを選びます。メガネだけが悪目立ちせず、視線や表情を柔らかく見せる効果が期待できます。

あえて存在感をアピールしたいときや、薄毛が気になりだしたときには、メガネの特性を知って戦略的に活用します。レンズフレームのリムを太くするなど、主張の強いフレームにしましょう。

メガネは顔の印象を簡単に変えてしまう威力があります。上手にメガネを小道具として選べば、女性にとってのメイクや美容整形に匹敵する効果的なアイテムなのです。

個性的なメガネは、強いインパクトを相手に与えることができます。たとえ服が地味であっても、ひときわ目立ち、周囲からの脚光を浴びることになるでしょう。

鼻毛と曇りレンズが逃すキスのチャンス

毎日のメガネレンズの手入れはお気に入りのメガネを長く愛用し続けるため、そして清潔感を示すうえでも大切なポイントです。手垢のついたレンズや鼻毛が出ていたら、あと一歩というキスのチャンスを逃がしてしまうこともありますよ。レンズはいつもピカピカにして **〝清潔感を見える化〟** しておきましょう。

レンズの表面は、相手からよく見えます。身なりが整っているのに、メガネが汚れていたら、それだけで格下げです。顔のムダ毛とレンズの皮脂汚れ、外側のファンデーションの跡は良からぬ波紋や疑惑を生むので要注意です。いつも準備万端に、繊維の細かいマイクロファイバーのメガネ拭きを持ち歩きましょう。ハンカチなど生地の粗い布で拭くとレンズを傷つける恐れがあります。

メガネ拭きだけで汚れが落ちないときは、水で薄めた中性洗剤で汚れを落とし、やさしく洗い流します。お湯を使うとレンズのコーティングまで落ちてしまうので、必ず水を使います。メガネの持ち運びには、必ずメガネ専用のケースに入れましょう。そのままバッグやポケットに入れるとレンズ破損の原因になります。

まつ毛がレンズに当たる、もしくは鼻から鼻当てパットが滑りやすいときには、購入したメガネ屋さんで調整をお願いしましょう。ついでにクリーニングも依頼します。毎日メガネを使用すると、ヒンジの緩みや、かけているときのクセが原因のゆがみがどうしても起こります。視力チェックも年に一度は受けておきたいものです。

メガネは顔色やたるみ、シミなどの補正にも効果的です。メガネは速効性大、自分でも気がつかなかった魅力が引き出せる変身アイテムです。メガネと目元の日頃のメンテ、大切な瞬間に活きてきます。

Brow

Round

メガネ編
STEP②

ビジネス用メガネ選びの注意点

メガネは最低10個試着&プロの意見を聞く

ビジネス用メガネを新調するときは、日ごろから着慣れた仕事服を着てお店に行きましょう。靴やベルトもいつも通りのものにして、試着の際には必ず全身を映す姿見で全体のバランスを見ます。店内の照明で色味がわからないときには、店員さんにお願いして外に出て、自然光の下で見てみることです。持ち物のバッグやベルトの金具とメガネを構成する金具の色を統一すると上級者です。

ついついやってしまうのが衝動買い。客観的な目を持たず勢いで買ってしまうことです。休日に私服を着て、ふらっと立ち寄ったときにビジネス用のメガネを選んでしまうと失敗します。後日、でき上がったメガネをかけてみたら、何だかしっくりこなかったという経験はありませんか？　それは、試着したときの服装が原因かもしれません。

お店に行って、数多く陳列されたメガネを目の当たりにして、選択肢の多さにたじろいでしまい、つい「また今度でいいか」と気持ちが萎えてしまうことがありますよね。そんなときは、どのシーンで身に着けるメガネか、どんな用途で、どんな姿で、どんな効果を得たいのか、自分の求めるイメージを明確にすることから取りかかりましょう。

自分のセンスに自信がないのであれば、**積極的にプロの意見を活用**しましょう。メガネの専門店であれば、各ブランドの特徴を熟知しています。お店を見回して、最も好感を持てそうだ、センスが良さそうだ、と直感を信じて店員さんを探してみましょう。

漠然とした気持ちでメガネを選んでしまうと失敗のもとです。ファッション雑誌によくメガネの特集があります。メガネブランドを知ることや最新デザインやトレンド情報などを得るには良いのですが、モデルに彫りが深い外国人が起用されていることが多く、彼らは目とまゆ毛の距離が近いので、あまり参考になりません。

折りたたまれて陳列されているメガネの印象だけで選んでしまうのは、最も危険です。耳にかかる横の部分（アーム）のデザインや太さも、本人よりも相手からよく見えるパーツです。自分で鏡に向き合うと正面しか見えませんが、メガネのアームやテンプルと呼ばれる、つるの部分は、相手から必ず見られています。幅やデザインも印象に影響するので、鏡を使って横顔からの姿をチェックするといいでしょう。

メガネはとことん試着してみましょう。骨格に合うかどうか、顔の幅に合っているか、顔の長さとのバランスが良いか、確認して候補を3つに絞ったら、さらに店内を一周して、あらゆる鏡に映る自分を見ます。あれこれ試着したにもかかわらず、結局何も買わないことがあるのが女性。男性はあまり試着をしたがりません。でも、遠慮せずに徹底的に試着する少しの勇気を持ちましょう。〝コレだ〟という「自分の心との一致感覚」や「ひらめき」が感じられない場合は、買わずにお店を後にしてもかまいません。その場合は、「また来ます、ありがとう」と一声あいさつをして立ち去れば円満です。

また出向いてくることを考えたら億劫《おっくう》だからこれにしておく……なんて言わずに、自分の気持ちにしっくりくる、心から納得できるメガネに出会えるまでは、ぜったいに妥協しないという決意を胸にお店に行きましょう。

メガネ編 STEP③

変身アイテムとしてのメガネ選び

冒険して新しいメガネを一つ買ってみる

手元にビジネス用メガネが揃っている場合は、休日用の冒険メガネを探してみるのも新たな自分の一面が発見できるチャンスです。いつも通うお店とは違うメガネ店を訪れてみるのがキモです。セレクトショップならば豊富なバリエーションがあります。いつもメタルフレームを使用しているのであれば、セルロイドやアセテートと呼ばれるプラスチック製のフレームを選んでみるとか。まだメガネが必要ない方でも、いずれリーディンググラスが必要になります。

まずは、サングラスや読書用のメガネから挑戦してみてはいかがでしょうか？　パソコン作業の多い方はブルーライト防止用のメガネから試すのもいいかもしれません。

印象をガラッと変えたい、そう思い立ったら吉日。コートを着る時期、異動の多い年度末、新年、誕生日のタイミングなど節目に合わせてメガネを新調すると、周囲からの反応が気恥ずかしいという人には、照れ隠しにもなります。

ヘアスタイルを一新して、サッパリした気持ちでメガネ屋さんへ立ち寄ってみると、そこで思わぬ出会いがあるかもしれません。心機一転したいとき、新しいことを始めるとき、遠くへ出かける旅行だけが気分転換ではありません。そんなとき、自らの「目元」から変えてみませんか。

メガネ選びの基本ルールはメガネ屋さんのホームページ等に詳しく書いてあります。たとえば四角い顔の人は丸いメガネを、丸い顔の人は四角いメガネを選んで顔の輪郭を強調しないようにする。まゆ毛とあごの先までの長さの3分の1くらいの天地幅のメガネを選ぶとバランスが良い、といったような基本知識です。

また、肌の色で似合うフレームの色が異なります。肌の日焼けの影響を受けない部分、自分の腕の内側を見てみてください。大きく分けて、ブルーベースの肌はシルバーのフレーム、イエローベースの肌にはゴールド系や茶色のフレームが合います。主張したくないメガネを選びたい方には、メタルフレームのリムレス（縁なし）や、プラスチック系であれば、肌なじみの良い色トーンを選ぶことをお勧めします。

ただ、こうしたことはあくまで一般的なルールなので、万人に当てはまるわけではありません。丸顔の人が丸いメガネが向いている場合もあります。思い込みは脇に置いて、どんなメガネが今の自分に最適なのか、とことん研究してみましょう。

外国人モデルの広告よりも身近で参考になるのが実際のメガネ姿の男性です。通勤の途中に、すれ違う人のメガネを観察してみてください。パッと見て「あ、シャープな印象だな」「なかなかいい顔つきをしている」と直感で感じる人を〝意識的に探す努力〟をしてみてください。どうして自分はそう感じたのか、どこを見てそう感じたのか、自分なりに気がついたポイントを必ず一つ見出《みいだ》すようにします。それを実践すると、自分の求めているスタイルやイメージがより明確になっていくのです。

第2章のまとめ

STEP①

・薄毛には潔くショートヘア

・髪型メンテナンスをスケジュールに組み込む

・メガネを〝なりきりアイテム〟として活用しよう

・メガネのレンズはいつも清潔に

STEP②

・白髪は清潔感とシルエット維持がポイント

・メガネ選びの際はプロの意見を聞く

STEP③

・いつものヘアサロンからたまには浮気してみよう

・スタイリングは指と整髪料をつかって空気感を出す

・ヘアカットの際に、眉毛も自然に整えて

・休日用の冒険メガネをセレクトショップで探す

第3章 服の中身にも〝着づかい〟を

STEP①

清潔こそ〝着づかい〟の第一歩

体臭は毎日リセットしよう

以前、体臭のきつい大学生は内定が取れない、という記事が話題になりました。就活の一環として体臭をおさえるためのセミナーが大学主催で開催されることもあります。日本人は欧米人に比べて体臭が少ないと思われがちなのですが、意外に腋《わき》の下のにおいが強い人が多いとも聞きます。女性の社会進出が叫ばれて久しく、管理職にも女性の割合が増えてきました。そうした女性たちは体臭に極めて敏感です。しかし、体臭については残念ながら誰も指摘してくれません。

職場に女性が増えて、体臭に関する常識も変わってきました。男ばかりの職場なら許されるある種のだらしなさが、今では昇進に影響するほどになってきました。口臭や体臭もその一環です。その日についたにおいは、その日のうちに決着をつけて翌日に持ちこさない、毎日リセットするように習慣づけなくてはいけません。

腋の下のにおいは汗が主な原因ですが、汗は出た直後にはにおいません。汗が皮膚に存在する細菌と反応することによって嫌なにおいが生成されるのです。

腋のにおいと並んで話題になるのが**ミドル脂臭**と**加齢臭**です。いろいろな研究がされていて年齢や性別に関係なく、においの原因はある程度特定されています。ただ、そもそもミドル脂臭と加齢臭は、自分で気づくのは難しいようです。

頭皮や首すじが加齢臭の主な発生源とされていますが、最大の対策はつねに清潔な肌を保つことにつきます。また原因物質の発生量を抑えるにはカラフルな野菜中心のバランス良い食生活と発汗して汗腺を広げておくことが大切とされています。

体臭ケアの基本は、毎日清潔さを保つことです。汗の匂いにはフェロモンが含まれていて異性を惹きつけるとも言われますが、汗を放置したままのにおいは誰もが不快に感じます。スポーツクラブの後にサウナで汗を流すのは、理にかなっているのです。

スポーツの後の男性の大粒の汗、この爽《さわ》やかな汗には女性は好感を持ちます。男性が頑張っている結果の汗は好きなのです。でも同じ汗でもラーメンを食べて出てくるような脂汗や、腋の下部分の汗がシャツに滲み出ているのは不快に思うのです。

スポーツでかいた汗でも、そのまま放置したらアウト。「すがすがしい汗」とはその汗をかいた直後のみに言えることなのです。

基本的なにおい対策は、一日の汚れをその晩のうちにリセットすることです。毎日お風呂に入る。下着とシャツは毎日洗いたてのものを着る。同じ靴を毎日履かない。同じスーツ、ジャケット、コートを続けて着ない。一日服を着ているだけで、埃《ほこり》や花粉、頭皮のフケなどが付着しているからです。

パジャマを何日も続けて着ていませんか？　冬場であっても、寝ている間にコップ一杯分の汗をかくと言われています。肌に直接触れるものは清潔を徹底しましょう。シーツや枕カバーにも皮脂汚れや汗が染みついています。パジャマは毎日洗い立てのものを着ましょう。顔を拭くタオルやバスタオルも同じです。

一日着たスーツを、帰宅後クローゼットにすぐしまうのはにおいがこもるのでNG。脱いだら毛に逆らってブラッシングし、ハンガーに吊るして室内に干して風を通します。革靴は二日以上連続して履かないこと。アウターのコートも一シーズン中ずっと同じものを着る、ということがないように、最低二着は用意しましょう。皺が気になるようなら、スチームアイロンを当てるとにおいも取れるので、一石二鳥です。

着ていた服に煙や食べ物のにおいが付着したときは、お風呂上がりの浴室に吊るすだけでも消臭効果があります。消臭スプレーも有効です。革靴もしかりです。下着や靴下を入れる引き出しに、石鹸《せっけん》を入れておくと消臭効果があるうえ、防虫にもなります。

男性の息づかいや、汗の質、肌本来の香りは、男性を包む気配として女性は敏感に嗅ぎ分けているものです。香りとは、フレグランスや香水で演出されるものだけを指すのではありません。シャワーを浴びたばかりのボディソープにだって、女性は好感を持つものです。石鹸の香りや洗いたてのシャツの香りは、清潔感と安心感を想起させるから、男女共に嫌いな人は少ないでしょう。非常に好感度大です。

頭皮を重点的にケア

シャンプーは毎日しましょう。髪を洗うというよりも**指の腹で頭皮を洗うイメージ**です。朝晩二回洗う場合は、男性用のシャンプーは洗浄力が強すぎるので、シャンプーなしでもかまいません。汗をかくシーズンは、よりこまめに洗いましょう。お湯で丁寧にすすぐだけで髪の汚れの約75％は落ちるそうです。

男性はせっかちな人が多く洗い方が雑です。いつものペースが変えられない方は、頭部は二度洗いするように心がけましょう。頭皮の健康を考えると、シャンプーは自然派系成分のものを選ぶのも良いと思います。代謝が活発で分泌物が出る耳の後ろや枕が当たる部分、加齢臭の出やすい後頭部は念入りに洗いましょう。ドライヤーで頭皮を乾かすと、髪が健康になります。

ボディの乾燥が気になる場合、タオルやナイロンブラシは使わないほうが賢明です。決して身体をゴシゴシ洗わないこと。ボディソープをよく泡立てて手のひらで優しく身体を洗いましょう。冬場に白い粉が立つような乾燥肌の人にはお勧めの方法です。そしてお風呂から出たら、必ず保湿用のクリームを全身にうすく伸ばします。肌にベールができてしっとり感が上がります。

体臭のケアはどれも基本的なことばかりです。毎日のお風呂と、服と靴を続けて着用しないこと。また長いスパンで考えれば、食生活の改善も極めて重要になってきます。

体臭は完璧には消えないもの

最近、ニューヨークでは、3日間着たTシャツのにおいで恋人探しをするマッチングサービスがあります。「見た目」よりも「におい」とは仰天ですが、良し悪《あ》しは別として、マッチングとして興味深い試みですね。ビジュアルは修正できたとしても、においは修正が難しいからです。嗅覚は人間の最もプリミティブな感覚の一つだといわれています。眉間《みけん》の下の中枢神経に直結している嗅粘膜《きゅうねんまく》は、まさに脳の出先機関だそうです。

食べ物やタバコなどの嗜好品によって体臭が変わることを考えれば、においでのマッチングは嗜好が合う相手の可能性は高いでしょうし、体臭にはフェロモンの効果があるともいわれています。その意味で相手のにおいが嫌いでないのであれば、生理的にＮＧという最悪な事態は避けられるのかもしれませんね。

体臭は遺伝的な素質による部分と、その人のライフスタイルそのものによる部分があります。毎日お風呂に入ってきれいに身体を洗っていても、フェロモンや自分の肌本来の香りは残っています。ですから、たとえ同じフレグランスを使ったとしても、香り方は使う人によって異なるのです。

肌本来の香りと香水との組み合わせを愉しめたら、上級者。自分の肌の香りと相性の良い香り選びができたら、大いに武器になります。どことなくいい香りが漂う男性は向かうところ敵なしです。

STEP②

デンタルケア、スキンケアの基本

口臭は医者に相談する

歯磨きを食後にしていない人は、しっかり歯磨きを徹底するだけでも口臭は改善します。それでも改善しない場合は、虫歯や歯周病、胃腸からくる内臓疾患である可能性が考えられますので、歯医者や内科で相談してみましょう。唾液の分泌が少なくて、口内が乾燥気味のドライマウスは治療が必要です。

特に自覚症状がなくても**半年に一度程度は歯医者でデンタルチェックとクリーニングのメンテナンスをする**のが、口臭コントロールの最重要ポイントです。

自分で実践できる口臭ケアは、食事の後の歯磨きに加えて、**デンタルフロス（WAXなし）**を使います。デンタルフロスを使うと、歯茎と歯間を健康に保つことができます。

口臭対策の基本は以下の二点。雑菌の栄養になる食べ残しの付着を防ぐことと、殺菌効果がある唾液が十分に分泌していることです。

仕事の合間のランチ後は、歯磨きの時間がないかもしれません。そんなときは**マウスウオッシュ**で口をすすぎます。時間がなくても、デンタルフロスで歯間に残った食べカスを除去するだけで口中はサッパリします。それも難しい場合はデンタルガムを嚙むか、ミント系のタブレットを活用しましょう。

歯の色や歯並びが気になって歯を見せて笑うのがいやだという人がいます。この心理的なシコリは笑顔にも影響してきます。黄ばんだ歯は清潔感に欠け、残念なことに年齢よりも老けた印象を与えます。

アメリカのデンタルクリニックの問診票に、こんな質問がありました。「自分の満足のいく笑顔が作れるか」そして、「スマイルしたときに下唇の上に前歯がしっかり乗るか」という質問です。アメリカでは、容姿と同じくらい歯並びの良さと歯の白さが重要視されていて（＝イギリスとの大きな差）、出世にも影響します。歯並びは、審美的な要素のみならず、噛み合わせにとっても大切です。アメリカでは歯科矯正が保険適用なこともあり、思春期に差し掛かる頃に矯正してしまうことが多いようです。

加齢だけでなく、コーヒーやワイン、タバコなどの嗜好品《しこうひん》は歯に色素を沈着させます。今は歯のホワイトニングが身近になってきました。歯科医院で施術するホワイトニングであれば安心ですし、時間もそれほどかかりません。

日本では、歯の矯正とホワイトニングは自由診療です。費用は歯科医によって差があります。複数のクリニックを比較して信頼のおける歯科医院を選びましょう。最近ではホワイトニングを専門とする歯科医院もあり、手ごろな価格で施術してくれます。噛み合わせも相談すると頭痛持ちの方は解決できるかもしれません。白い歯は清潔に映り、笑顔に自信が宿りますよ。

喫煙は口臭には大敵です。特にヘビースモーカーの方は、タバコのにおいが体中から発散されています。女性の喫煙率は男性に比べて低く、タバコ嫌いな人が多いので、女性の多い職場でサバイバルしたいなら禁煙するのが身のためといえそうです。

男の肌は、ライフスタイルのバロメーター

顔の造作がいくら整っていても、若くてイケメンでも、卑屈な生き方をしている人はそれが表情に出てしまいます。顔の皮膚がガサガサでツヤがなく、唇が黒ずんで色素沈着している人は年齢よりずっと老けて見えます。私生活のリズムが安定していないと、肌の調子が悪くなるのは、男性も女性も一緒。モテる男性は肌ツヤが良いです。何事も肯定的に捉えて、前向きに進んでいこうとしている男性は、男女双方からモテるでしょう。顔の表情に溌溂《はつらつ》とした姿勢が表れているからです。

肌質が良いということはメンタルも整っています。自制した生活の表れですね。健康的な食欲があり睡眠がしっかり取れている証拠。そのことを女性たちは本能的に知っているのかもしれません。そこで、今までスキンケアなんて無縁だった男性に朗報があります。毎日化粧をして、あらゆるコスメを試している女性よりも、**男性のほうがスキンケアによる効果はテキメンに出る**ということです。

皮膚は、「表皮」「真皮」「皮下組織」から成ります。ポイントは「表皮」です。表皮

は4層構造になっていて、内側から「基底層」「有棘《ゆうきょく》層」「顆粒《かりゅう》層」「角質層」がありま す。基底層で生まれた細胞が最後は垢《あか》となって剥がれ落ちるようになっています。このように表皮は絶えず入れ替わっているので、表皮に傷がついてもかさぶたとなって、いずれ剥がれ落ち、きれいな肌が生まれるのです。

肌の新陳代謝、生まれ変わりのサイクルを「**ターンオーバー**」といいます。ターンオーバーの速度は、部位によって異なりますが、目安として月の満ち欠けと一緒で28日周期といわれています。古い角質は約1か月で新しい皮膚に生まれ変わるのです。

個人差はありますが、年齢が上がり、新陳代謝が低下してくると、このターンオーバーの速度が低下して、30代になると30日、40代なら40日かかるようになるそうです。年齢と共に、傷が治るのに時間がかかるのは、そのせいです。このサイクルが正常に機能しなくなるから、肌がくすみ、シミやクマが生まれるのです。

肌の状態は、自制された健康的な生活か否かを表しています。**毎日の積み重ねが現在の肌**です。ストレスを溜めない規則正しいライフスタイル、充分な睡眠、バランスの取れた食生活か否か、表情や肌は、あなたの生活の真実を語るのです。

健康的な生活がベースにあって、プラス日ごろの正しい洗顔、ヒゲ剃り後の保湿、UVケアの習慣がものを言います。そうです、ローマは一日にして成らず。

中高年に差し掛かる年齢になると、顔や手の甲にイボや老斑《ろうはん》というシミが目立ちはじめます。「日焼けこそ男性の精悍《せいかん》な顔つきには欠かせない」というポリシーを持つ男性であっても、紫外線が老化を早めることは事実です。ターンオーバーで「表皮」は生まれ変わっているものの、その奥にある真皮線維芽《せんいが》細胞で作られるコラーゲンやヒアルロン酸といった肌の弾力やハリを生み出すたんぱく質の量が乏しくなるそうです。

紫外線を浴び続けると肌の弾力はさらに低下して老化します。皮膚癌の予防のためにも毎日の紫外線を防ぐことは必須。夏や野外でなくても紫外線は毎日浴びています。たとえ曇っていても紫外線はあるのです。

紫外線予防には、**毎朝UVクリーム**を薄くのばして顔に塗るだけのケアで、10年後の違いは歴然です。カラフルでビタミンCたっぷりの野菜や果物を摂ることも大切。同窓会で若々しさを保ち、かつてのライバルとの差を生もうとするなら、やらない手はないはずです。日ごろの肌ケアと紫外線対策は、着々と男度を上げる方法なのです。

5万円のスーツを着ると公言していたフランスの大統領の毎日のメイク代が、どういうわけか3か月で340万円という話題がありました。

日本でも会社の経営者やメディアに露出するような職業の男性はメイクをしたり、シミやイボを形成外科や皮膚科でこっそり取っています。一部保険でもカバーしてくれますし、たしかに何万円もする美白クリームに投資するよりは、即効性のある方法かもしれません。会社がお休みの週末にかけて挑んでいる人が多いようです。周囲には意外に気がつかれないとおっしゃっています。

ほくろを除去した男性が、「ほくろが、ずっとコンプレックスだったのに、実はみんなそんなに気にしていなかったことがわかった」とおっしゃっていました。

「周囲がどう思うかよりも、ずっと気になっていたから、何より自分の気分が上がってうれしいよ」と、率直な気持ちを語ってくださいました。

一度ほくろやシミ取りを経験してみると、なんだ……もっと早くからやればよかったと、心理的なバリアが解け、一気にハードルが低くなるようです。

STEP③

着づかいはすらりとしたシルエットから

「自信の持てる背中」が大人の証《あかし》

グローバル企業で活躍するエリート層に、均整がとれたシルエットをしている人が多いのは、セルフコントロールできる強い精神力と自らのシルエットに対する責任感を持っていることの表れです。

彼らは服を着る以前に、自らのシルエットの良さを維持することが、どんな言語メッセージよりも説得力があることを熟知しています。現代では成功している男性の条件として、すらりとしたシルエットを保っていることが追加されました。

ダイエット関連のブームは留《とど》まることを知らず、肉体改造が話題ですが、優秀な男性ほど、こうした一時的なブームには乗りません。無理して落とした数キロという体重と引き換えに、いかに別のフラストレーションを貯めこむのか、ということを心得ています。短期間で得た結果というのは総じて定着しないものですし、何よりもその過程が楽しくありません。

一方で、世間のダイエットブームはどこ吹く風、日頃から体型管理をコツコツと習慣にしている人たちもいます。彼らにとってそれはごく当たり前のことで、むしろ楽しんでやっているようです。ですから理想のシルエット作りを一時的なイベントや流行として励むことはしないのです。

食事の席では大いに楽しみ、翌日は節制するなど、必ず帳尻合わせをして、一週間のスパンでバランスを保っています。会食が多いのに、なぜか体型キープをしている人は、人知れず必ず努力していますし、それが彼らのスタンダードなので、あえて話題にしないだけなのです。

美味しいお酒と会話を楽しみ、その前後にせっせと走り、翌朝は仕事前に早朝テニスをして汗を流すような人たちです。すらりとしたシルエットを維持して、自分サイズの服を着ることで、いい運が巡ってくることを彼らはちゃんと知っています。

30歳を過ぎたら自分の「**シルエット**」に責任を持ちましょう。もっと言えば大人になったら自信を持てる背中を目指しましょう。部下は上司の背中を見ていますし、子どもは親の背中から学び育っていきます。

わたしの友人で背中のみを描くアーティストがいます。悲壮感が漂う背中なのか、爽快な歩き方をしているのか、後姿から思わずどんな顔か見てみたくなる背中なのか……。背中がその人の生きざまを物語っているから興味があるのだそうです。自分では見えない部分ですが、後姿は常に人から見られています。

服は自分の体型に合わせて作れば、欠点をカバーできますが、土台となるボディにも〝着づかい〟をして、より良いシルエットを目指しましょう。努力は裏切りません。結果が見えてくると自信が持て、この先の人生が少し前向きになって、きっと楽しくなりますよ。

お腹がぽっこり出ない上質シルエットの作り方

同じ体重、身長を維持しても、見た目は時間と共に変化していきます。それは体重が変わっていなくても、筋肉が落ちて体組成が変化してくるからなのです。典型的なのは、加齢と共に上半身や下半身の筋肉が落ちて、下腹部がポッコリ出てしまうメタボ体型ですね。

脂肪は筋肉よりも軽いため、減量するのにダイエットにばかり頼ると、いままでの筋肉が落ち、脂肪に変わっていた、という事態が起こりえます。無理して体重を落としたことで筋肉量が落ち、代謝量も減少して太りやすくなるという悪循環のサイクルに陥ってしまうことさえあります。

すらりとしたシルエットを作るには、体内でのエネルギー消費を増やして脂肪分として蓄えないようにすること、良い姿勢を保つためのしなやかな筋肉を持つことの両方が必要になります。つまり基礎代謝量を増やせば、食事の量を無理して減らす必要もありません。

基礎代謝量を増やすには筋肉を増やすことが手っ取り早いのです。したがって、すらりとしたシルエットを作るには日常的に次の４つを実践すれば良いのです。

①良い姿勢を保つのに必要な筋肉に負荷を与える筋トレ
②良い姿勢を保つのに必要な関節の可動域を広げるストレッチ
③良い姿勢を保とうとする意識
④栄養バランスが良く、カロリーの適切な食事

男性は女性よりも筋肉量が多く、筋肉量が増えることによる基礎代謝量を増加させやすく、ボディメイクは女性よりも比較的簡単に結果が出せるといわれています。

デスクワークの多い毎日は、使う筋肉が限定され、関節の可動域が狭くなります。筋トレは、普段使わない筋肉にも負荷をかけ、基礎代謝量を上げてくれます。

ストレッチは柔軟性を高め、しかるべき筋肉を使えるようにするための準備とコンディショニングです。スーツ映えには筋肉といっても大きい筋肉よりも、むしろ骨格を正しく支える細い筋肉（インナーマッスル）が必須です。バレリーナのようなしなやかな筋肉を鍛えると、所作に品格を与えスーツ姿をより頼もしく、不動の姿にします。

ダークスーツを着ていてもなぜか引き立つ人は、着ているスーツのクオリティだけではありません。スーツを着る以前に、裸でも語れる「姿勢の良さ」ゆえです。ステキな男性は一様に背筋がピンとしていています。臍下丹田《せいかたんでん》に力を入れて、足がしっかり大地を踏みしめて安定感がある立ち姿です。姿勢の良さは気持ちの良い颯爽とした歩き方を生み出します。

わたしは、パーソナルレッスンに10年以上通っていますが、ここ2年は、「バーオソル」というバレエのストレッチを習っています。インナーマッスルを鍛えて姿勢を良くすると、内臓がしかるべき位置に収まり、お腹がスッキリします。ゴルフの場合は、肩がやわらかくなりフォームが安定します。クラブを振る際の遠心力に耐える体幹力が強化されて、ショットが飛躍的に伸びるという副産物も期待できるようです。

（付録）大人の〝香り〟講座（注＝モテたい人だけ読んでください）

年間で最もフレグランスが本来の香りを開花させる旬の時期をご存知ですか？　それは、恋人たちの距離が縮まる「冬」です。香りのメカニズムとその効果を知ると、フレグランスを女性たちのものだけにしておくのは、もったいないことです。

世界最古の長編小説と言われる源氏物語のモテ男といえば、光源氏。着物や手紙にしたためた薫香の流儀が描かれているように、自分自身の香りを纏《まと》うことは、古来からのモテる男の常套《じょうとう》手段の一つであり、間接的な方法で感情を代弁した当時は、香りは大切な人と通じ合う手立てであったことがうかがい知れます。

ナポレオンを魅了したジョセフィーヌに、もしも彼女特有の体臭がなかったら、歴史は変わっていたかもしれません。なぜか一瞬で心が動いてしまう不思議な経験は、多かれ少なかれみなさんも思い当たるのではないかと思います。たとえば、まだお互いを知り得ない関係なのに、なぜか心惹かれる、それは本能的に「好きだ」という証拠です。

フレグランスや香水というと、多くの男性たちは「男が香水つけるなんて、チャラいと思われそうで嫌だ」と言います。

香りやにおいは人工的なものばかりではありません。パンが香ばしく焼けた香り、淹《い》れたてのコーヒーの香り、摘みたてのバラの花の香り、新緑の香りなど、心地よい香りを嗅ぐと、ホッとしたり、充足感に満ちたりという経験はありませんか？

香りは空間の演出としても効果的です。アロマテラピーとは、植物の持つ芳香成分を利用した自然療法のことを指します。アラビアやヨーロッパでは昔から行われている伝統的な民間療法の一つですが、ここ20年くらいで再び注目されています。

アロマテラピーには、エッセンシャルオイル（精油）が使われます。薬草を蒸留して作られたオイルのことを、人工香料と区別してエッセンシャルオイルと呼びます。このエッセンシャルオイルの語源は、中世のラテン語で「クィンタ・エッセンティア」（植物に含まれる第五番目の元素）と呼んだことに由来するそうです。

ケミストリー（化学）も、ギリシャ語のケミア（植物の汁）が語源であり、植物が生み出す天然の化学物質である有機化合物の集合体がエッセンシャルオイルなのです。

「においの物質は、鼻腔の奥にある嗅細胞の繊毛《せんもう》表面の受容体でキャッチされる。においを感じとった嗅細胞は、同じ受容体を持った細胞同士で、大脳の底にある『糸球』に情報を集める。そして、大脳で感情と記憶に結びつく」

嗅覚と感情・記憶との結びつきを研究した、アメリカのコロンビア大学のリチャード・アクセル教授とフレッド・ハッチンソンがん研究センターのリンダ・バック博士、両氏は2004年10月にノーベル生理学・医学賞を受賞しました。それがその研究内容です。

香りがメンタルと結びついているということを、人間は経験的にはわかっていながら、その関係性が科学的に証明されたのは、意外にも今からわずか十数年前のことです。香りは人間の感情を変えることもできます。たとえば、ふさぎ込んだ気分を改善させる効果などがあります。女性に生花の花束を贈ると感激されるのは、同時にフレッシュな花の香りを相手にプレゼントしているからなのです。

寿司屋のカウンター席で香水の香りが厳禁なことは大人であれば常識とされています。香りの強弱のコントロールは、相手への気づかいのうえでとても大切です。そこに知性が表れます。

フレグランスはオーデコロン、オードトワレ、オードパルファン、パルファン、の順に濃度が濃くなります。そしてこの順番に持続時間が長くなります。肌の温度と肌本来の香りと混じることによって、自分独自の香りが織りなす空間が生まれます。

フレグランスを活かすには、清潔な肌がまずベースにあって、他の香りを混ぜないことが基本。たとえばアフターシェーブローションや整髪料の人工的な香りはフレグランスの香りを台無しにして、しかもおじさんくさい。いろんな香りが混ざってしまうと、せっかくのフレグランス本来の良さが活きません。

フレグランスをつける場所ですが、なるべく顔から遠い場所から慣らしていきます。一般的には、血管が通って体温が高い耳たぶの後ろの下や、手首につけるのが良いとされています。

良い香りの漂う男性人口は、日本では残念ながらまだまだ少数派です。〝大人の着づかい〟上級編ですが、香りを味方につけてしまえば、わが国では希少価値がとても高いだけに、これから人生最大のモテ期を迎えてしまうかもしれません。

第3章のまとめ

STEP①

・毎日お風呂に入って体臭をリセット

・スーツ、ジャケット、革靴は中2日休ませる

・ドライヤーで乾かすのは髪よりも頭皮

STEP②

・歯磨き+デンタルフロスで口臭予防

・半年に一度は、デンタルチェックと歯のクリーニング

・栄養バランスと睡眠は、モテる男の美肌の秘訣

・一年中UVケアはマスト

STEP③

・姿勢の良さは、服のクオリティよりも見栄えがする

・インナーマッスルを鍛えて精悍なシルエットを作る

・清潔な肌に自分に合うフレグランスを漂わせる

第4章

定番の靴を長く丁寧に履く

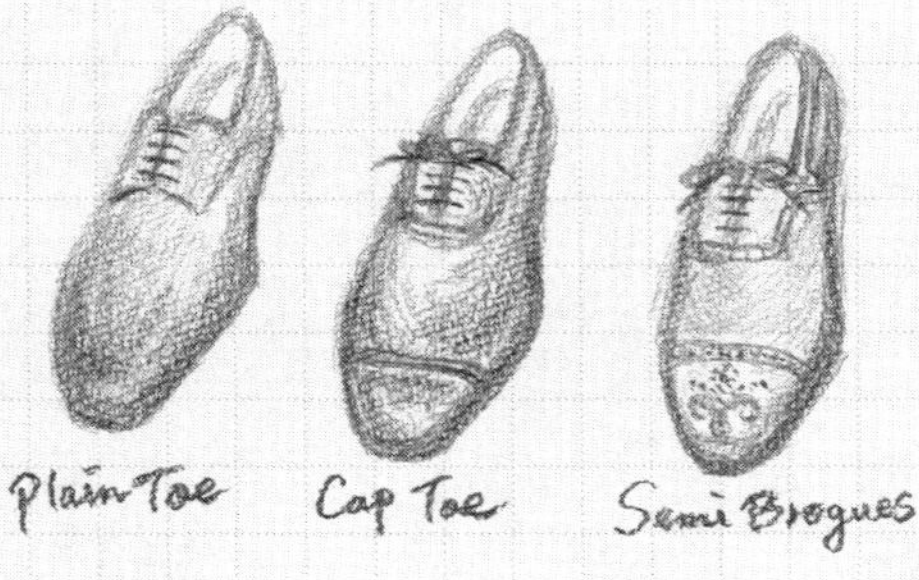

履いている靴はその人の人格そのもの

Gli occhi possono mentire, un sorriso sviare, ma le scarpe dicono sempre la verità.
（目は偽ることができるし、微笑みは当を得ないけど、靴はいつも本当のことを語る。）

米国のテレビ番組 Dr. House で紹介されたイタリアのことわざです。靴はそもそも足を保護する目的から生まれたものでしたが、今では装飾性と機能性の両面から、さまざまに進化しています。その機能を必要とする職業から年代、階級や素性まで靴が語ってしまうことがあります。靴が疲弊している、汚れている、そんな様子からその人の性格まで明らかになります。

「**足元を見る**」という言い方をしますが、これは江戸時代に駕籠かきが旅人の履いている草鞋の傷み具合を見抜き、疲れていそうだったらその弱みにつけ込んで高い料金をふっかけたことが由来です。

人類が生息できる領域を大きく広げることができたのは、道具を作る能力があったからでした。寒い地域に住むために衣服を作り、鋭利な角を持つ岩石や、夏の太陽に熱せられた地面から足を保護するために靴が生まれました。安全性の機能がもっともストレートに出ているのが、建設現場で用いられる安全靴です。中底および先端部に鋼板が仕込んであり、釘の踏み抜きや建材の足元への落下による怪我を防ぎます。

近年、技術進歩の著しいジョギングシューズや登山靴はクッション性を高めて足腰への衝撃を減らし、機能性が進化しています。当初、足を保護する切実なニーズから生まれた靴は、女性のハイヒールに代表されるように、次第に装飾性を纏うようにもなってきました。

ビジネスにおいて、揃えるべき小物は時計やバッグなどいろいろありますが、その中で最も大切なのは、「**足元**」です。自分を支える足元をどのような意識をもって選択し、靴そのものを「どう扱っているか」という本質的な部分に、持ち主の人間性や人生観が如実に表れるからです。

いくら高級な靴であっても、手入れされず雑に扱われている靴より、キチンと磨かれた靴に軍配が上がります。ガタガタですり減った靴を履いていると、それだけで扱いが乱暴でガサツな人に見えます。履きつぶされた靴や汚れた靴を履いていても気にならない人は、自分の机の上や部屋もきっとそうなのでしょう。

営業マンであれば、靴が傷んで手入れがおろそかになっていれば、客先で門前払いされても仕方ありません。乱れた靴を履く人は、そういう扱いをしても平気でいられる人、他人を粗末にする人だという印象を相手に与えてしまいます。モテないだけで終わればまだいいのですが、仕事の能力を疑われ見下されてしまうと、自分にとって不利な方向でビジネスが進んでしまうことさえ考えられます。

靴の乱れは、粗野な一面を相手に露呈するので、それだけで信頼感を損なう恐れがあるのです。たとえば高級ホテルであればそれなりのサービスしか受けられないように。

「紳士靴は、足を隠すのではなく、現代の男性の足を高揚させる、奮い立たせるものなのです。なぜなら、今日の男性に鎧《よろい》などの武具はなく、ほとんど裸の状態です。ですから、彼らにとって靴は唯一の『鎧』なのです」

靴の魔術師の異名を持つフランスの紳士靴ブランド、ベルルッティ当主兼チーフデザイナーのマダム・オルガ・ベルルッティの言葉です。彼女は「紳士靴は官能的シンボルだ」とも言っています。足を危険から守る防具としての革靴から、独特な技法で色を塗り重ねてゆくことで風合い溢れる色に染め上げ、芸術の域まで高められた色気のある靴たちを送り出す、男性の足を知り尽くしたマダムらしいメッセージです。

体重の増減が多少あったとしても、足のサイズが大幅に変わる可能性は低いもの。ですから革靴は丁寧にメンテすればとても長く履けます。

安価な靴を1年で履きつぶすよりは、選び抜いた「良い靴」を丁寧に履き尽くすほうが断然、経済的です。苦楽を共にするごとく、自身の生き方を語れる分身のようなアイテムを持てることも、〝オトナの着づかい〟の醍醐味です。

英国のチャールズ皇太子の革靴はエドワード・グリーンのもので、修理を繰り返し30

年履き続けているそうです。上質で耐久性の高い靴は、投資するに相応《ふさわ》しいアイテムと言えるでしょう。

昇進や転職、自分のご褒美に何か自己投資をするならば、ワンランク上の靴を手にしてみてはいかがでしょうか。

ビジネスマンに相応しい革靴の価格帯は、3万円から5万円くらいのゾーンといわれています。この価格帯の靴に慣れて手入れや履きこなしに少し自信がついたなら、一つ上のランクの靴を買ってみることをお勧めします。セレクトショップなどで定期的にセールがありますから、そういうタイミングで普段は手が出ない価格の靴に思い切ってトライしてみたら良いと思います。

デザインや形がさまざまな女性の靴とは異なり、紳士靴は、社会的な立場とフォーマル度によってある程度限定されています。スーツの歴史と共に文化性と社会性を帯びているため、靴の用途によってスタイルやマナーが存在しているからです。ルールさえ知れば選ぶのが楽しくなりますよ。

STEP①

靴ひもを毎回しめなおそう、毎回靴ベラを使おう

靴は健康に直結する

日本では室内では靴を脱ぐ習慣があります。飲食店のお座敷席、試着室、法事、大事なお客さまの家など、あらゆるシーンで靴を脱ぐ機会があります。面倒なようですが、その都度必ず**靴ひもは結びなおしましょう**。

アウトドアやランニングでは、足との密着度はパフォーマンスに影響しますから、靴ひもでぴったり調整しますね。しかし、ビジネスシューズになると、脱着がしやすいからという理由で靴ひもをユルユルにキープしたまま歩く男性がいますが、これは要注意。靴ひもを緩めたままで革靴を履いていると、足が靴に密着していないので、歩行の際にすり足になり、靴底のソールが減ってしまううえ、知らず知らずのうちに足にも負担をかけることになり悪循環です。

靴の歴史の長い欧米では、相手の足元で教養や品格を見極めています。靴ひもを緩めたまま歩く行為は、行儀の悪いことの代表例とされています。見た目がだらしなく見えるだけでなく、実は、大切な靴にも悪影響を与える行為なのでこれは絶対に避けましょう。

もう一つ、靴の脱着で気をつけたいのは、「かかと」です。靴のかかとには、靴の構造上大切な「芯地」が入っています。シューホーン（靴べラ）を使わずに、革靴を履こうとすると、このかかと部分を踏みつぶしてしまい、靴の劣化を早めてしまいます。

大切な靴の耐久性を高めるためにも、**シューホーンを使って靴を履き、その都度靴ひもをしめなおす**、これらを習慣にしてしまいましょう。この二点を徹底するだけで、見違えるほど足元の表情がスタイリッシュに変わります。

日常では不都合がないかぎりあまり意識することがない、足と靴の関係ですが、外出している間は必ず靴を履きます。一日24時間のうち、ベッドにいるよりも長い時間を靴と一緒に過ごしているのです。ですから身体に無理なくフィットする一足との出会いは、仕事のパフォーマンスにも大いに影響することを覚えておいてください。

足との相性が合わない靴が原因で、頭痛や腰の痛みを経験したことはありませんか？　そんな日は、集中力が散漫になったり、イライラが募ったりしがちです。外反母趾《がいはんぼし》の場合は余計に大変です。


『足の汚れ〈沈澱物〉が万病の原因だった』（官有謀著／文化創作出版）というセンセーショナルな本の題名を小学生のときに目にして、いまだ忘れることができずにいます。足裏と体調との関係が密接に関わり合っていることは、その頃から不思議で仕方ありませんでした。その本の巻頭には、足裏のあらゆるパーツが色分けされた絵地図がカラーで掲載されていて、臓器と対応する箇所が図解されていました。

台湾の足裏マッサージや英国式のリフレクソロジーが浸透しているので、今では歩き方と足裏のケアが、健康と密接に関わっていることは周知の事実です。足に関連する身体のクセで、かかりやすい病気と疾患の傾向があるというのですから、未来を占う手相よりもリアリティーを感じずにはいられません。足の形、骨格、肉のつき方、足のアーチ、サイズの左右差など、実にさまざまで、人の顔くらい個体差があります。
足は第二の心臓といわれるように、体重を支える役割以外に、心臓とは遠いところから筋肉の収縮機能によってポンプ役を担っています。自分に合わない靴は、ストレスになるだけでなく、身体のバランスに悪影響を及ぼします。

体重を支える足裏に、マメやタコがありませんか？　どの靴を履いても同じ箇所にできるマメは、そこにいつも圧力がかかり皮膚が固まったことを示しています。それは、身体のゆがみが原因となって、足の一部分に負荷がかかっている可能性があります。自分で足のマメやタコを削るなどの処理をすると細菌などが入り、新たなトラブルを起こしかねないので、問題が小さいうちに皮膚科に相談するのが解決への近道です。
また、足のクセに合わせた靴の調整や、靴の中に入れるインソールを特注で作ってくれるお店もあります。

STEP②

ビジネスに必要な革靴の基本はひも付き、色は黒とダークブラウン

シンプルでスタンダードな靴から揃える

ジーンズにスニーカー姿でも、業界によってはビジネスが展開できる世の中ですが、正統派ビジネスシューズの基本をふまえ、いつの時代も王道といわれる靴を知っていても、大人として損はありません。流行や主張のある靴や（とんがり靴のような）、数十万円もするブランドの靴が、「良い靴」というわけではありません。良い靴とは、自分の足にピタリと合っていること、そして上質でよく手入れされた定番靴を指します。アッパーに時間と共にツヤが出る革を使用した、すなわち「手入れの施し甲斐《がい》のある靴」を選ぶこともポイントです。グットイヤーウェルト製法で作られた紳士靴ならばアウトソールの交換が複数回可能です。上手にケアして履けば、10年は楽に履けます。

ビジネスの革靴の基本は「ひも付きの革靴」です。ひもなしのスリッポンやローファーは、革靴であってもカジュアルシューズの範疇なので休日用として分けましょう。デザインは、節度ある**シンプルでスタンダードな一足**から揃えていくことが得策です。

まず、ビジネスシーンで基本のキとなるのは、**黒の革靴**です。特に、スーツとネクタイ着用で、信用や信頼が大切とされる職種や企業で働くビジネスパーソンの足元に圧倒的に多いのも頷けます。アッパーの革は、牛革でスムースレザーと呼ばれる滑らかな表面の革が王道のビジネスシューズです。「つま先」の形状や長さは靴の表情を決める大切なポイントです。

ビジネスパーソンならば、まずは二つのタイプを揃えます。フォーマルな場面で活躍するのが**キャップトウ**。爪先に縫い目が一文字にあるタイプで、日本では**ストレートチップ**あるいは**一文字**と呼ばれています。縫い目の部分に穴飾りの装飾がなく、ひもを通す甲の部分が**内羽根式**になっているデザインを選ぶと、昼間の式典や葬儀にも使えます。フォーマルといっても、タキシードを着用する際は、夜用のエナメルシューズや**オペラパンプス（オペラシューズ）**を合わせるのが正式とされています。

次に選びたいのは**プレーントウ**。縫い目や飾り気のない素朴でシンプルなスタイルです。縫い合わせ部分が最低限で、見た目はシンプルでありながら、高い技術力が求められる奥ゆかしいデザインです。装飾や縫い目の柄がないため、革のクオリティが明確に出るためごまかしが利きません。装飾のないキャップトウよりはフォーマル度はやや下がりますが、どんなシーンでも履ける万能選手です。**外羽根式**を選べば、素朴でありながら、どっしりと安定感のある印象になります。流行に左右されないシンプルな形を選びます。

少し自由な社風や職種で、ジャケパンに合わせるならば、**ブローグ（穴飾り）**です。縫い目や羽根、つま先等の穴飾りで華やかな雰囲気になります。風合いのあるジャケパンとの相性が良いデザインです。ブローグは、水はけを良くするために穴を開けた16世紀のアイルランドやスコットランドの労働靴が起源なので、フォーマルには適していませんが、クールビズの時期のジャケパンスタイルと相性抜群です。

紳士靴の種類

プレーントウ
Plain Toe

つま先に「飾りがない」＝plainが名前の由来。ルーツは戦闘用ブーツだから疲れにくい。イラストは外羽根式のタイプで脱着がラク。

キャップトウ
Cap Toe

イラストは内羽根式のタイプ。つま先部分に一文字の縫い目がある。フォーマル用として一足は常備したい。モーニングにもOK。

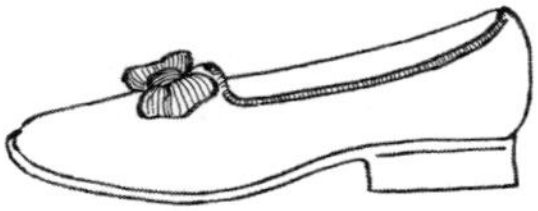

オペラパンプス（オペラシューズ）
Opera Pumps

タキシードに合わせる正式な靴。素材はパテントレザー＋シルクで光沢感があり、靴クリーム不要。ダンス時に女性のドレスを汚さないため。

ブローグ（穴飾り）
Brougue

縫い目にブローギング（穴飾り）、つま先に「メダリオン」と呼ばれる花状やW字状の小さな穴飾りがある。ジャケパンにぴったり。

次の段階で揃えたいのが**ダークブラウン**の靴です。紳士靴発祥のイギリスでは、黒の革靴をビジネスやフォーマルの場で履き、茶色をはじめとするその他の素材や色は休日用と分けて考える傾向が強いようですが、日本では、オフィススタイルのカジュアル化が進み、ダークブラウンの靴もビジネスの場で使われることが多くなりました。ダークブラウンは、王道のネイビーやグレーのスーツにぴたりと合い、クールビズやジャケパンスタイルと相性が良いことも理由の一つとして挙げられます。

グラデーションのあるダークブラウンの靴はダークグレーのスーツとも好相性です。靴の形の基本は黒と同じですが、一足だけ茶系を揃えるとしたら、黒寄りの茶を選ぶと活躍の場が多いと思います。靴を新調するついでに、**靴と色や風合いが同じベルト**を合わせて買うと、コーディネートで迷うことがなく、組み合わせが楽になります。

フォーマル靴の中でよくある質問は、結婚式での靴選びです。最近、結婚式に列席するときの服のトレンドは変化してきたようです。新郎新婦の父親はフォーマルな黒の靴を履くことが基本ですが、披露宴に招待された男性のファッションは黒が少なくなっています。結婚式のスタイルが多様化し、レストランなどで開かれるケースが多くなったこと、欧米のパーティースタイルに慣れた人が増えたことが影響していると思います。

新郎新婦にとって上司にあたる場合、主賓の挨拶や乾杯の挨拶をする立場の場合は、やはり黒のフォーマルな靴が良いのですが、新郎新婦の友人であれば茶系の靴でも問題はありません。フォーマルなファッションといえども、国によって、時代によって常に変化しているのです。

靴の試着には土台となる靴下を

自分の靴のサイズを知っているから大丈夫だ、靴を通販で購入する、お店で片方だけ靴を履いてみて即決する、とせっかちな男性たちがいます。こういう選び方で、もし登山靴を選べば致命傷になりかねません。スニーカーを買う感覚で自分がラクだからと、少し大きめのビジネスシューズを買ってしまう男性も少なくありません。靴のサイズはあくまでも目安です。**〝自分が知っている靴のサイズは、あてにならない〟**という事実を知っておきましょう。

男性靴の標準の幅は2Eで3Eは幅広タイプです。JISではAからGまであります。標準が2Eで3E、4E、F、Gと順に幅広になります。メーカーやブランドによってサイズ表示に微妙に差異があります。お店で実際に両足とも履いて歩いてみないかぎり、靴が自分にとってのジャストサイズなのかは、判断できません。

長年ご用達《ようたし》の靴であっても、靴のデザインによって微妙にサイズ感が違います。相性の良い木型を知っているなら問題ないのですが、普段履いているサイズだけではなく、必ずその前後のサイズの靴もフィッティングしましょう。3足くらいに候補を絞ったら、必ず両足とも履いて、お店の中を実際に歩いてフィット感を徹底的にチェックします。お店で試着するときには、複数のメーカーをまたいで履き比べることをお勧めします。

なぜならば、同じ革靴でも、ひも付きの紳士靴とカジュアルなデッキシューズでは、靴の構造が異なるので使われる足の筋肉が異なるからです。

靴のサイズ感と履き心地には妥協しないと決めて、店頭では腰を据えてじっくり選びましょう。細かい指摘になりますが、靴は夕方に買えという言葉がありますが、足のむくみが出やすい時間帯に靴を選ぶとサイズ感の失敗は回避されます。

靴専門店やデパートにはシューフィッターが常駐しています。彼らはプロですから、靴に関してなんでも質問してみることです。普段感じている不具合を伝えると、それがヒントになって相性の良い靴が見つかる手がかりになるかもしれません。自分だけで悩んでいても、なかなか相性ぴったりの靴には巡り会えません。

靴を履くときの靴下にも配慮が必要です。靴を買うときには、必ずその靴に合わせる**土台となる靴下**を履いていきましょう。また、靴のデザインが合うかどうかを確認するためには、その靴の用途を明確にして、一緒に合わせたい服装で試着に行くことをぜひお忘れなく。

靴下が語る着こなし

１９６０年代にカトリーヌ・ドヌーブが主演した映画『昼顔』の中で、上流階級のセヴリーヌは夜の貞淑な妻と昼の高級娼婦の二つの顔を演じました。物語の中で破滅の伏線として使われたのが、野獣のような若い男マルセルの、踵《かかと》に穴があいたボロボロの黒の靴下。その狂気の素性がスクリーンの中で靴下に象徴されていたのが印象的でした。

靴を履く前に履く、その名の通りの靴下。靴との摩擦から自分の足を守る、汗を十分に吸う、スーツの下の肌を隠すなど機能面でも重要な役割があります。英国発祥の紳士のスポーツ、ゴルフではトラウザーズ（長いパンツ）着用がマスト。由緒あるクラブでは、短パン着用の場合は必ず膝までのソックスを着用すべしというドレスコードがあります。靴と足が一体化するには靴下がとても大切なつなぎ役をしてくれます。また日本では室内で靴を脱ぐため、靴下そのものが注目される機会が意外と多いものです。

ビジネス用の靴下は無地で長いもの

ビジネス用の靴下は、パンツの色か靴の色と同化させるのが基本です。そのため、目立たない黒子に徹した**無地の靴下**を選びます。無地であれば、細かい織柄のある靴下でもOK。ブランドのロゴがついているような靴下は学生時代で卒業です。これは靴下以外の他の小物選びにも共通していますが、たとえブランドのアイテムだとしても、これみよがしの主張は避けましょう。ブランドがわからないほうが上品に見えます。

靴下の素材ですが、大人の男性ならば**ウールの靴下**をお勧めします。ウールと聞くと、冬物と思われがちですが、通年履ける素材です。天然素材のウールは、意外にもコットンや麻よりも伸縮性にも吸湿性にも優れています。冬場であっても、電車やオフィスは暖房が効いているので、汗をかくものです。ウールの靴下は、防寒のみならず汗を吸って靴の中でのムレを防いでくれて乾くのも早く、優れものです。

ウールの難点を挙げるとしたら、毛玉ができやすいこと。日陰干しして、手入れもそれなりに必要です。心配ならばナイロンとの混紡も選択肢として考えてください。

ビジネスパーソンの勝負服は地味に徹すること。むしろ服や小物の主張を出さないほうが、身に着けている人の持ち味が出るのです。足元の靴と靴下もスーツ同様、**地味に気高く**しましょう。基本軸がブレない、どこから見てもコントロールが利いていて、統一感と安定感があるスタイルに徹してこそ、大人の色気は出せるのです。

大人になったら白の靴下はスポーツ以外では一切履かないように。白い靴下がサマになるのは、マイケル・ジャクソンの華麗なムーンウォークくらいではないでしょうか。黒の靴下であっても、肌が透けるような靴下は〝その筋の人〟と思われてしまいます。スーツにスポーツソックスは論外ですが、よく見かけるのがスーツの下の靴下がふくらはぎの途中までの長さの靴下です。この長さは着座したときに丈が短すぎます。ソファや椅子に座ったとき、思いのほか正面に座っている相手から靴下は見えています。セミナーや講演で壇上に上がったりする立場の人は、足元が観衆の視線にさらされていることを自覚するべきです。椅子に腰を掛けたとき、パンツの裾がまくれ上がり、ショート丈の靴下では足を組んだときに肌が見えてしまいます。スーツからすね毛が見えては、色気は台無し。今まで王子様に見えていたのに、冷ややかな現実に引き戻されてしまうくらい、女性のハートはげんなりします。

パンツの裾下は、絶対に足の肌とすね毛を露出させてはいけません。ヨーロッパのマナー本として有名なナディーヌ・ロスチャイルド夫人の著書にも記載があり、現在でも国際的マナーです。実際、イタリアのメンズショップのショーケースに並ぶソックスは、見事にふくらはぎを隠す丈の長いソックスばかりでした。紳士の国のイギリスのロンドンのブティックでは今でも男性用のソックスを膝で吊るガーターベルトも売られています。長めの靴下はデパートや靴の専門店で売られています。

靴下を洗濯するときには、白いアイテムとは分けて洗い、洗濯ネットで保護するか、裏返しにして洗います。カシミヤ入りの上質の靴下はお風呂に入ったときに、さっと手洗いします。それでも色落ちしてきたら新しいものと入れ替えるようにしましょう。靴下は消耗品です。ゴムが緩い、穴があいた、生地が薄くなり色褪《あ》せてきた場合は、第一線のビジネス用ソックスからは引退時期のサインです。

男性は、一度決めると集中的に攻める傾向にあるようです。いくらお気に入りといっても、買い物の際に、ダース買いにはご用心です。知り合いの男性は、有名紳士ブランドの靴下がデフォルトで、同じ靴下を常備するために、まとめ買いしていたそうです。それがいざストックの新しい靴下を履こうと思ったときに、不良個所があって、すべてがダメで困ったそうです。さすがに有名ブランドは、靴下であっても購入履歴が残っているため、新しい商品と交換が可能だったそうですが、この苦い経験をもとに、それ以来靴下の買いだめはやめたことを打ち明けてくれました。

今ではワードローブマネジメントを実践して、ダメになったら処分をし、また別の良いものに巡り合う愉しさを追求しているそうです。

ビジネス用のソックスは無地が基本ですが、ジャケパンスタイルには、風合いのざっくりしている生地やストライプ、チェックや水玉柄など鮮やかな色が入っているソックスが、コーディネートの差し色として活躍します。プライベートや休日用としてならば、遊び心のあるソックスもＯＫです。

靴下を差し色として使う粋な計らい

Ｇ７経済サミットの大臣たちの装いは、一様にダークスーツですが、全体写真での足元に着目すると各国のお国柄が出ます。全体的に地味でシックに決めているのに、２センチほど靴下で差し色を出している大臣がいました。

靴下の差し色のテクニックは、ジャケパンスタイルに活かせます。

靴もスーツも地味にして、色をスパイスとして効かせる方法は、少しカジュアルダウンしたいときや食事会などプライベートの席では、ワザとして使うこともアリです。またジャケパンスタイルでは、ジャケットの生地の色を一色拾って、靴下も色を合わせると、色の奥行き感が増します。ジャケットのツイードの一色やチェックに使われている色を靴下に取り入れることで、全体的に統一感が出て、おシャレ度が増すのです。

太陽が近いイタリアは、野菜の色彩を見ても鮮やかで、建物の石もカラフルです。ファッションにおいても、男性のパンツは白の比率が高く、ジャケットは地中海を思わせる鮮やかなブルーが多いです。

一方、グレーの建物の多いフランスのメンズの間では、ビジネススーツはダークでシックに控えめにして、靴と靴下の数センチにカラーを取り入れて遊ぶのがファッショナブルなのだとか。パリでは目下、紳士用の靴下専門店が人気だそうです。


靴下で非日常をさりげなく取り入れるアイデアは、仕事帰りの平日の夜のプライベートに使えます。たとえばオフィスから直行してコンサートや食事会の席に駆けつける場合、ビジネススタイルのままでは遊び心がありません。そんなときは、**朝、靴下をバッグに忍ばせておいて、夜はカラフルな靴下に履き替えましょう**。それだけで仕事モードから一気に解放されて自由な気持ちになれます。

床の間の花や掛け軸で季節感を盛り込んで表現するなど、間接的に気持ちを表すのが得意なのが日本文化です。日本人として誇りを持って、意思や気持ちを足元に表すことは、わかる人にはわかる、とても粋な計らいといえます。

STEP③

靴のメンテナンスとビスポーク

靴の寿命は日ごろの手入れ次第

あなたは、どんな靴を履いているでしょうか？　靴底がすり減っていませんか？　昨日と同じ革靴を履いていませんか？

足元の印象を左右するのは、靴自体だけではなく、見えない**日頃のメンテナンス**です。手入れの行き届いた靴は、高いマネジメント能力の表れです。帰宅後のひと手間で、10年愛用できる靴になるとしたら、やらない手はないですよね。

靴の革は生き物と一緒で、湿気や汗を吸収して呼吸をしていますから、ケアしてあげる必要があります。革靴は連続して履かないことがまず基本です。革靴は、一日履いたら中2日休ませることで、靴の皺が伸び、革が吸収した汗が乾きます。

夜、帰宅して革靴を脱いだらすぐにシュークロークには入れずに一晩陰干しします。翌朝、ブラッシングで埃《ほこり》を払って木製シューキーパーを入れ、革を伸ばして形を整えます。埃を払うだけでも見た目に違いが出ますが、シューキーパーを使うことで、靴の甲の部分にできる横皺の防止になり、靴のあたりが緩和されます。靴を保管する場所もときどき換気するなどして、風通しの良いところに収納します。

雨に濡れてしまったときには、水滴をやさしくふき取り新聞紙を入れて、簀《す》の子を敷いたところで乾燥させます。もしくは段差を作って靴底が乾くようにします。

目安は、最低でも月に一度の手入れと、シーズンごとにプロのシューシャインにお願いすると、普段の手入れが劇的にラクになり、革靴の寿命が格段に延びます。

学生の頃に買ったラバー製の靴底を卒業して、革靴を新調されたときの、Kさんのリアクションは、ひとこと、「臭くならないんですね」でした。「え、そこですか？」と突っ込みたくなる気持ちを抑えて聞いてみると、彼の経験で革靴の底が呼吸できて、しっかり革靴を休ませるローテーションにすると、足が蒸れないのだということが実証されたのだそうです。それ以来、定期的に通うヘアサロンの帰りに必ずシューシャインを利用するほど靴のメンテナンスを継続され、革靴のコレクションが徐々に増えています。

靴を大切に扱うビジネスマンは、常に小さなシューホーンを持ち歩いています。真鍮製に革のついたポケットに収まるサイズのマイ・シューホーンは、利便性だけでなく、細部まで気づかいできることを表すダンディ・アイテムと呼べる逸品です。

こじれた人間関係を修復したいとき、心が折れそうなときにこそ、靴磨きをお勧めします。これは、今、流行りの**マインドフルネス**のれっきとした実践編です。単純な作業をすること、手を動かすことは、脳にも良い影響があるそうです。仏教でも、チューラパンタカは掃除によって悟りを開かれました。観念で悶々《もんもん》とするよりも、手を動かしてせっせと靴磨きをしながら、内省してみることで、鬱々とした気分は収まり、気づくべきポイントが静かに受け取れます。

東京のあるホテルに世界一との定評のある靴磨きのプロがいます。オードリー・ヘプバーンやマイケル・ジャクソンをも魅了した伝説の靴磨き師、井上源太郎さんです。そこはホテルの一角の3坪ほどのスペースながら、足を踏み入れなければわからないダンディズムの宝庫たる空気が流れ、世界中の顧客から送られてくる紳士靴たちが、静かに輝きを誇っています。源太郎さんは顧客の靴を見ただけで持ち主がわかる（＝記憶している）そうです。

魅惑の靴磨きの20分間、紳士たちは戦場での顔とは明らかに違う表情を見せます。革張りの黒で弾力のあるアームつきの椅子に深く腰を掛け、軽く足を開き両足を台に乗せる。まさに王様気分とはこういうものかもしれない、と味あわせてくれるような贅沢《ぜいたく》な時間です。

長年プロのシューシャインを依頼するくらい徹底している方もいます。その方は会社経営者で履いている靴はいつもキレイですが、決して派手ではありません。細やかな気づかいが嫌味でなく自然な振る舞いに滲みでています。原点を忘れないために会社と同じ年数履いているとサラリと話されています。コツコツと若い頃から自腹でいい靴を買っては修理を繰り返して革靴を大事にしているそうで、その姿勢に単なる靴だけに固執する靴マニアの域を超えた、彼の生き方の美学を感じました。

源太郎さんは靴磨き師というよりも靴のアーティストです。生粋の江戸っ子ですが、いわゆる職人気質《かたぎ》とは異なり、柳のようにしなやかでラテン気質《きしつ》な人です。美食家でワインに精通していておしゃれでもあります。自分で日々の靴のメンテナンスをすることも大切ですが、ビジネスでの勝負時などに、たまにはこうした名人に靴を磨いてもらうと気合いが入ります。一度経験してみることで、目からウロコの新しい世界が広がるかもしれません。

靴もビスポークが静かなブームに

イタリアは言わずと知れた職人の熟練技と芸術の宝庫です。革製品の技術とクオリティの高さも世界トップクラスです。「この革は柔らかくて身体に馴染むな」と思って原産国を調べたらイタリア製だったというケースは多いものです。

日本でもファンが多い手作り靴で有名な紳士靴の店MANNINAは、フィレンツェのヴェッキオ橋を渡ってすぐのところにある小さな路面店です。手前の角を曲がると職人さんが働く工房があります。5人の職人さんで切り盛りしていて、なんとそこで働く3人が日本人です。靴作りの全工程をすべて手作業で行う工房には、あらゆる木型と革が所狭しとばかりに並べられていました。丁寧に採寸して、仕上がったら空輸をしてくれるそうで、オーダーする顧客の半分は日本人というのを聞いて驚きました。

イタリアに観光で寄るたびに、靴を注文して帰る男性が多いと聞きます。お土産は帰りを待っている人のために買うばかりではなく、自分への旅の思い出やご褒美として、靴をオーダーするのは一生モノの買い物になると確信しました。

古都ボローニャにも「マッケイ法」というボローニャ発祥の伝統的な製法を引き継ぐ、昔ながらの手作り靴の小さな工房があります。その名の通り2人のオーナーが共同経営する、Max e GIO の店は、ウインドー横に赤いバイクがディスプレーのごとく置かれていてポップなお店なのですが、伝統的な品格のある靴を得意とする工房です。

細マッチョなお兄さんのGIOさんは、足を採寸して型紙を起こしてデザインを相談する過程のデッサンの様子まで、細かに説明してくれました。

スーツのお誂えを「ビスポーク」と呼びますが（終章参照）、靴のビスポークも静かなブームのよう。スーツと同様に、既製の木型をチョイスして微調整していくセミオーダーとフルオーダーとの二種類があるそうです。

これまでイタリアに行くと、現地のブランドを何割安く買えるのかということばかり考えていましたが、この店に足を運んで、職人さんとの対話から生まれる**自分だけのために作られた靴**を身に着けるとどんな場所に行けるのだろう、と想像するだけで気分が高揚しました。

わたしが初めてイタリアの手作り靴を履いたのは高校生のときです。学生なので革靴といえばローファーでしたが、祖父がイタリア土産として持ち帰ってくれたのがマロン色のショートブーツでした。履いたときにすっぽりと足を包みながら全く圧迫感のない柔らかな履き心地の感激は、今でも鮮明に記憶に残っています。

イタリアにいつか行ってみたい、そのために世界史と英語の勉強を頑張ることくらいしか当時はできませんでしたが、この手の靴作りのルーツを実際に見てみたいという好奇心が芽生えました。「いつかこうしてみたいな」と強く夢みたことは必ず実現すること を実感しています。

第４章のまとめ

STEP①

・ビジネスマンに相応しい革靴の価格帯は、３～５万円のゾーン
・靴ひもは、その都度締めなおすだけで足元がスタイリッシュに
・シューホーン（靴ベラ）を使うと靴の寿命が延びる

STEP②

・ビジネスの革靴はひも付き・色は黒とダークブラウン
・靴と色が合うベルトも一緒に新調
・靴の試着は合わせる靴下を持参して、足のむくむ時間帯に
・ビジネス用靴下は無地で長いもの
・ジャケパンなら靴下での遊びもＯＫ

STEP③

・帰宅時のひと手間が長年愛用の靴に育てる

第5章

シャツは本来下着と心得よ

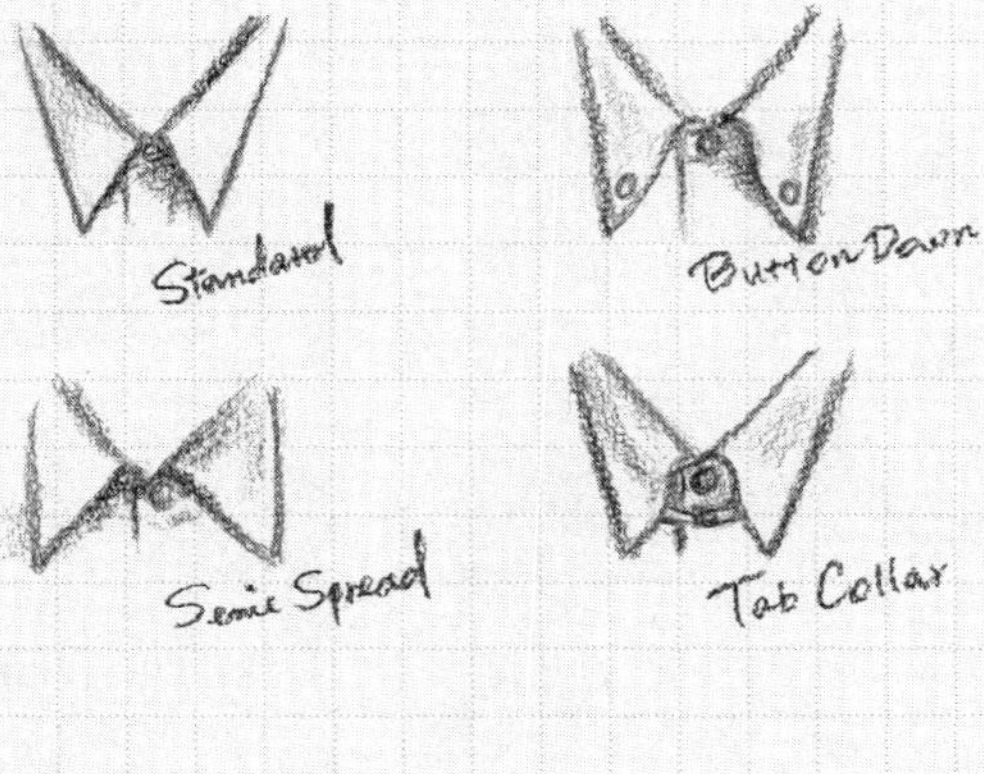

シャツは下着、だから本当はジャケットを脱がないのが基本

ジャケットの下に着るシャツは、1930年代にブリーフができるまで、下半身まで覆う下着の役割をしていました。現在でもシャツの前後が左右よりも長くだらんとしていて、下のほうにボタンがついているデザインがあるのは、下着であった当時の名残なのです。そのため、シャツの上には基本的にはジャケットを着て、シャツ生地が極力見えないようにカバーして着るのが、今でも紳士服の基本的な考え方です。

現在のように襟とカフスがシャツのボディーに縫いつけられ、胸ポケットがついたシャツの形状を生み出したのは、第二次世界大戦後のアメリカといわれています。合理主義のお国柄を考えれば、なるほど納得です。

欧米のビジネスマンは、以上の歴史的な背景から、今でも肌に直《じか》にシャツを身に着ける方がほとんどです。たとえばヨーロッパの代表的な貴族、ロスチャイルド夫人のマナー本には、「大人の男性は、極端に寒がりに見えるので、シャツの下に肌着をつけないこと」

と明記してあります。ヨーロッパの紳士はジャケットを脱いで、シャツ一枚の姿になることは下着姿をさらけ出すのと同じ感覚なので、マナーとしてシャツの上には必ず上着のジャケットを着用しているのです。

とはいえ、「男子たるもの、常にジャケットを着用すべし」と強要することは、夏は高温多湿になる日本で厳しいのは確かです。日本の男性は腋の下の汗ジミや、乳首が透けて見えることを防ぐためもあって、下着をシャツの下に着る方が多いようです。

実際、下着を着たほうが、汗を吸収して涼しく感じるそう。こうした気候に対応した変化は当然とも言えますが、それが裏目に出る場合があるのでご用心なさってください。

下着を着るならポイントは二つ。**下着が襟もとから見えないようにすること**、そして**下着の線がシャツから透けて見えないこと**、です。下着は薄手の生地で首回りはVネックまたはUネック、そして縫い目がわからないシームレスにします。さらにドレスシャツの汗ジミの主な原因となる腋の下をカバーするには、半袖より短い袖を選びます。

「白のワイシャツを着るから、その下の肌着は白」と決めている方が多いようですが、白い肌着を着ると白い線がくっきりとシャツを通して見えてしまうので、その〝下着を着ている感〟がとても野暮に映ります。

下着は肌の色に同化する色を選びましょう。白ではなく肌色に近いベージュ、色黒の人は、ベージュよりも濃いモカ色の肌着をチョイス。素肌に近い色を選べば、肌に同化するので、白シャツの下でも透けないのです。

10年ほど前、国産メーカーが大人の男性向けに、当時では珍しかったシームレスの下着を発売しました。おしゃれ男子の間では結構話題になりましたが、「ベージュやモカ色なんてオヤジっぽい」と抵抗がある方もまだ多かったようです。

「近年の日本では、ドレスシャツの下に下着を着る人が多数派になった」というレポートもありました。機能性下着が進化を遂げて、ブームの後押しをしているようです。

安価で質の良い下着が手に入るようになり、寒い冬のための防寒着のみならず、暑がりで汗かきの男性のにおい対策としても、下着は見直されつつあります。

では、本題であるシャツの話に進みましょう。

基本の白シャツを極めよう

STEP①

白の長袖がドレスシャツの基本

日本でお馴染みの「ワイシャツ」は、和製英語で white shirts が語源です。本来はシャツの形状を表すものでなく「白い色のシャツ」を表す単語でした。日本でシャツがワイシャツと呼ばれるようになったのは、white shirts の英語圏の人の発音が、日本人にはワイシャツと聞こえたからという説があります。ですから厳密に言えば、「青いワイシャツ」というのはおかしいわけです。

ついでに言えば、英語の「カラー」には、「襟」を表す「カラー＝ collar」と「色彩」を表す「カラー＝ color（colour）」の二つがあって、日本人には、同じに聞こえるのでややこしいですね。

「ドレスシャツ」は日本でワイシャツと呼ばれているものとほぼイコールです。ドレスシャツがややフォーマルなシャツを示すとしている解説もありますが、日本人が「ドレス」という単語にそのようなイメージを持っているためで、本来はフォーマル以外のシャツもドレスシャツと呼びます。本書では以降、スーツやジャケパンスタイルに用いるシャツをドレスシャツと呼ぶことにします。

さて、白いシャツがワイシャツの語源になったことからわかるように、基本の色は白。白い清潔なドレスシャツは、お祝い、プレゼン、商談、謝罪、パーティー……さまざまなシーンで使える万能選手です。汚れていないかぎり、白シャツが相手に不快感を与えることはまずありません。

特にビジネスシーンで、ドレスシャツは季節を問わずオールシーズン活躍するアイテムです。下着であった歴史的背景と、ジャケットの襟もとと袖口を汚れから守る役割があったことから、本来**ドレスシャツは長袖が基本**です。日差しの強いヨーロッパであっても、半袖のドレスシャツ姿の人は皆無です。スーツ用のドレスシャツの袖をただカットしただけの半袖シャツは、日本特有のシャツなのです。

暑い時期が長くなったとはいえ、半袖シャツは結局、夏場のシーズンしか着られないので、コストパフォーマンス的に考えても劣ります。

白シャツは新鮮さが命

白シャツは鮮度が命ですから、第1章でご紹介した「ワードローブ・マネジメント」を定期的に実践し、手持ちのシャツの棚卸しと入れ替えが必須です。袖口や襟の内側にホツレや黄ばみがあったら、それは新調するサイン。古くなったシャツは、靴磨き用のクロスとして再利用しましょう。

色彩学的に見れば、白は黒と並んで最も強い色です。白は高潔さを意味し、何にも染まらない強さがあります。**きれいにプレスされた白シャツは、清潔感漂う最強のダンディ・アイテム**です。カジュアルな装いであれば、コットン特有の多少の皺は風合いを出し、むしろ味となります。白のシャツであっても生地の厚さや織り柄でかなり印象が異なってきます。まずは徹底的に白シャツを追求してみましょう。

シャツ生地の基本はコットン

ビジネス用のシャツ生地の基本は、なんといってもコットン。ひと口にコットンといっても、生地の厚みや織り柄、繊維の長さなどによってさまざまな種類があります。

「一見同じように見える生地なのに、二倍の値段になるのはどうしてですか？」という質問を理系男子から受けることがあります。シャツの価格が二倍だから二倍耐久性が強いのでしょうか？　そういうわけではありません。わたしは次のように説明しています。

「シャツ生地の選び方の一つの基準に厚さがあります。番手《ばんて》と呼ばれる糸の細さで決まり、30番手から200番手くらいまであります。数字が大きいほど細い糸になり、糸が細いと同じ面積の生地を織るのにたくさんの糸が必要なため、それに比例して生地の値段が上がるのが普通なのです」

ドレスシャツの生地の厚みは、上に着るジャケットやスーツに合わせて選択しましょう。風合いのある生地のジャケパンスタイルには、「**オックスフォード**」と呼ばれる織り柄がマッチします。洗濯にも耐久性があり、扱いやすい生地です。オックスフォードに使われる糸の番手は40番手程度が多いようです。

生地が滑らかなビジネススーツには少しつややかな生地を選びます。80〜140番手くらいです。イギリスでは「**ポプリン**」と呼ばれています。ちなみにポプリンは、アメリカでは「**ブロード**」と呼ばれます。

コットンは、摘み取った綿花の長さで、短・中・長繊維綿に分類され、繊維が長くなるほど高価になります。35ミリ以上の長さになると「超長繊維綿」と呼ばれ、特別な綿としての存在感を誇っています。「**海島綿**《かいとうめん》」や「**ギザコットン**」と呼ばれるものがその代表で、非常に滑らかな肌ざわりが特徴的です。綿でありながら、つややかな光沢があり、着心地がまるでシルクのような印象です。このレベルの生地はドレッシーなスタイルやフォーマル向けのシャツに用いられます。

最近は形状記憶の生地を使ったシャツも店頭に並べられていますが、その多くは化繊入りの素材です。皺がつきにくいという利点があるにせよ、やはりコットン素材と比べると蒸れやすく、あまり快適でないので避けたほうが無難です。まれにコットン製でも洗濯による皺を防ぐ機能性シャツもありますが、直接肌に触れるものですから、滑らかな生地のほうが着心地が良く、お勧めです。

ドレスシャツのボタンとクリーニング

白シャツのボタンは白が基本です。ただしジャケパンスタイルに白シャツを合わせるコーディネートでは、白ボタンでは単調で物足りないこともあるせいか、カラーボタンのシャツがよく使われます。ほとんどのカラーボタンの素材はプラスチックです。貝ボタンは薄くて留めやすいものがほとんどですが、プラスチックボタンはふちが少し厚めのデザインが多いようです。

共働き世帯が多くなってきている現在では、自宅でシャツを洗濯をしてアイロンがけする家庭は少数派です。必然的に、ドレスシャツの洗濯はクリーニング店に依頼することになります。個人経営のクリーニング店は手作業ですが、チェーン店では、機械による自動化が進んでいます。

チェーン店では、最後のプレスも大型の機械が使われるようです。このときに問題となるのが**ボタン割れ**です。高級な服の場合はボタンをクリーニングのたびに外してつけ直すこともありますが、一日着たらクリーニングに出すドレスシャツの場合、そうはいきません。洗濯回数が多いとボタンにひび割れが目立ってきます。ボタンがボロボロになってお店から戻ってくるケースもあります。

特に割れやすいのが袖口のボタンです。プレスのパッドが古くなって固くなり、大きな圧力がかかって割れたような場合は、明らかにクリーニング店のミスですが、高温のプレスによる劣化はボタンの特性上、ある程度避けられないものです。そんなときには、割れにくい素材のボタン、耐久性が高いボタンにつけ替えるのも一つの解決策です。

洗濯の回数が多く、ボタンが割れてきたら、そろそろシャツを新調する合図です。シャツのボタンが割れる頃には、生地のほうもかなり年季が入っているはず。いくらお気に入りのシャツでも、〝賞味期限〟が存在することを知ってスマートに対処しましょう。

STEP②

色シャツ、ノーネクタイのシャツ

白襟には顔を明るく見せる効果がある

「そうはいってもシャツが白一色では、単調でつまらない」という方にご提案したいのは、**クレリックシャツ**です。襟とカフスのみが白い生地のシャツで、後姿は、白シャツを着ているように見えます。身頃の色や柄も豊富にあって、シャツ一枚で端正な表情が出せます。

「クレリック」とは、聖職者を指す言葉ですが、クレリックシャツは和製英語で、英語では「カラーセパレーテッドシャツ」と呼ばれます。身頃は無地の淡いブルーかブルーのストライプを選ぶと、コーディネートの幅が広がります。色シャツでありながら、白の襟とカフスで清潔感が表現でき、キチンとした印象を与えます。無地のネクタイとの相性は抜群、ネクタイなしのジャケットスタイルにも合わせることができます。

白無地のドレスシャツを押さえたうえで、薄いストライプ柄などの色柄物にもチャレンジしていきましょう。週に5日着るとすれば、最低10枚のシャツが必要になります。シャツは清潔感が基本です。毎日洗濯したてのシャツに袖を通すようにしましょう。

ドレスシャツの胸ポケットは不要

市販のドレスシャツには胸ポケットがついているものが多いのですが、前述の通り、もともとは下着であった歴史から、本来はポケットなしのシャツが正統派です。シャツが単独でアウターとして使われるようになってから、ポケットが縫いつけられた経緯があるのですが、ジャケットを羽織る場合には、やはりポケットなしのシャツのほうが明らかにスマートです。

スーツのポケットに何かを入れると着崩れすることはご存知でしょう？　ドレスシャツも同様です。最近の欧米のドレスシャツは立体的なフォルムを保つため、原点回帰してポケットがありません。ポケットがついていると、ついつい何か入れたくなってしまいます。特に重いスマホを入れてしまうと生地も形も崩れてしまいます。「**ドレスシャツはポケットのないものを選ぶ**」と意識的に選択しましょう。

毎朝、袖を通すシャツが洗い立てでパリッと新鮮だとなんだか気持ちが引き締まり、それだけで爽やかな一日のスタートが切れるはず。シャツはジャケットの内側に隠れた、〝縁の下の力持ち〟のような位置づけですが、実は男性を輝かせてくれる〝隠れた立役者〟なのです。

ドレスシャツには、首回りから上半身のボディを覆い、全体のシルエットを整える重要な役割があります。ドレスシャツの白い襟は、ジャケットと顔とのコントラストを際立たせ、顔立ちを引き締めます。ジャケットの胸ポケットに白のポケットチーフを入れるとさらに効果的です（第6章参照）。

年齢を重ねると顔の皮膚はくすみ、肌に薄いグレーの色素が入ります。ジャケットの下のVゾーンに白シャツを持ってくると、写真撮影のときに光を反射するレフ板同様の効果を期待できます。メイク効果くらいの差が出ます。顔色が明るく見えると、覇気あるふうに相手に映り、そしてフレッシュに見えるのです。

シャツの台襟は、顔周りに奥行き感を作り出し、男らしい精悍《せいかん》さを演出してくれます。

スーツがシンプルなデザインであっても、細部にこだわりを持ったシャツと合わせることで、着る人の魅力を倍増してくれるのです。

いきなりスーツを上質なものに変えると、周囲から警戒されることが懸念されますが、シャツのクオリティをとことん追求しても、絶対に嫌味にはなりません。

良いシャツを選ぶポイント

ショップに並ぶ既製のシャツで、良いシャツを見分けるポイントはどこでしょうか?

それは、シャツ生地の質感に加えて、**襟の立体感**にあります。シャツがたたまれた状態で、プラスチックの襟止めを外したとき、前の台襟が持ち上がっている状態のシャツは良いシャツです。

また、**腕のつけ根のカーブが曲線になっている**かどうかもチェックします。ここは裁断や縫製に高度な技術が必要な箇所なので、値の張るシャツと安く売るためのシャツを比較してみると、立体感で大きな差が生まれます。アームホールが曲線で縫われているシャツは、腋の下の部分の生地が余ってもたつくことがないので動きやすいのです。

市販のドレスシャツのサイズは首回りと裄丈の組み合わせで表示されています。袖口はもちろん、胸回り、胴回りも標準体型の方に合わせてつくってあるため、特にお腹周りがピタリと合うシャツと出会うのは至難の業です。スーツやジャケットの下になっているとわかりませんが、胴周りがダボダボになっている場合が圧倒的多数です。

胴周りは実寸に15センチ前後余裕があるサイズが良いのですが、中には30センチ以上余っていた男性もいました。せっかく逆三角形のボディなのに、ジャケットを脱いだときのシルエットをシャツが台無しにしていました。ぜひ注意したいポイントです。

ノーネクタイ時のシャツの注意点

夏に向かう季節、通勤時などに目につくのは、ビジネススーツにノーネクタイ姿の男性が増殖することです。普通のスーツの下に合わせるような薄く透けるような生地のシャツにネクタイを外しただけの姿は、とても無防備に、弱々しく見えます。このコーディネートで格好良く見せるのはほぼ不可能です。

スーツ姿からネクタイを取り除いただけの男性の胸元には、遠目からもその物足りなさが漂ってきます。きちんとネクタイをしたスーツ姿の男性が隣に並ぶと余計に見劣りし、貧相でだらしなく映ってしまいます。その理由は、**Vゾーン**にあります。

当然ですが、「ノーネクタイ」の場合、本来ネクタイで覆われていたぶん、シャツの露出面積が増し、シャツのボタンもさらけ出されるということです。スーツの下に着ていた通常の薄い生地のシャツ一枚では、その露出過多に耐えきれず、どうしても何か物足りない印象を与えてしまうのが原因です。

薄い生地のシャツでも、ネクタイが存在していたときには、周囲の視線をスポンジのようにネクタイが上手に吸収してくれていたわけです。

「地肌が透ける素材のスーツ用シャツで、ノーネクタイのようなクールビズスタイルは乗りきれない」ことをぜひ知っていただき、クールビズ用のシャツを揃えましょう。

クールビズのドレスシャツは、スーツ用とは分ける

クールビズ用のシャツは生地の素材を厚めにしましょう。コットンの番手の荒いオックスフォードなどカジュアルな風合いのものを選びます。

台襟つきの伸縮性のある**鹿の子素材シャツ**も、クールビズで活躍してくれるカジュアルシャツです。ポロシャツの生地で凹凸感があり、サラッとした着ごこちです。

また、最近のポロシャツは進化していて、欧米ブランドでも日本仕様のスリムフィットのシェイプが存在しています。逆に、ブランドの本拠地では手に入らないアイテムなので、東京の旗艦店ではインバウンドの方たちに、品質の確かな日本製ポロシャツがお土産として人気です。

真夏になると、ジャケットなしでシャツ一枚のビジネスマンが圧倒的に増えます。それも半袖の方がほとんどです。前述したようにドレスシャツの袖をカットしただけの半袖は、中途半端な長さであか抜けません。半袖シャツはムダ毛が目立つこともあって、多くの女性は長袖にして欲しいと思っています。「ノースリーブのワンピースを着て、満員電車に乗ったときに、見知らぬ男性のベタっとした素肌に触れるのが気持ち悪い」というのも多く聞かれる理由です。

Vゾーンの肌にも注意が必要です。ネクタイを外して第一ボタンを開けると、第二ボタンから肌が露出します。いつもネクタイを締めている人がクールビズだからと、肌のケアをせずに突然シャツを開襟させると、吹き出物や喉仏あたりの日焼けしていない皮膚が露《あらわ》になってしまいます。

また、いつもはドレスシャツの下に隠れている鎖骨近くの肌は紫外線を浴びないので顔よりも白く、顔色とのアンバランスさが目立ってしまいます。こうした男性の肌が電車などで視界に入ってしまったときは、見てはいけないものを見てしまったような罪悪感すら覚えます。

皮膚のトーンの違いは、日頃メイクをしてＵＶケアを怠らない女性であれば見逃さないものです。それに加えて、首の皮膚は正直に年齢が出やすい箇所でもあります。人体で唯一整形が不可能な場所ともいわれています。

若くて痩せている男性であっても、日頃から猫背の人は、首が前に出ているので二重顎になりがちです。高さの合わない枕も余分な皺を首に刻み込むことになります。

Ｖゾーンの肌は抜かりなくケアしましょう。

夏でも長袖ドレスシャツを着ている男性はひときわ目立ち、しかも女性ウケが良いこと間違いなしです。シャツの腕まくり姿は好感度が高いですし、実際には着ることがなくても男性がジャケットを腕に抱えていると、紳士的な着づかいを感じます。「そこまでのオシャレは無理だよ」という方は、潔くジャケットなしでも耐えうるアウター感のあるシャツに切り替えることをお勧めします。その場合のシャツはカジュアルの範疇《はんちゅう》なので、ポケットがデザインとしてついていても問題ないでしょう。

猛烈に蒸し暑い盛夏にネクタイにジャケットを着ていられる人は、空調の効いているオフィス空間で仕事をして、かつ車で移動する人に限られます。ビジネスの場でも公式な行事以外では、真夏にはジャケットなしで、比較的カジュアルな半袖シャツやポロシャツ素材の鹿の子シャツでも通用する場面も増えてきたように思います。

ベストは年間を通して活躍する万能アイテム

シャツが下着感覚の欧米では、**ジャケットを脱いでも良いのは、ベスト（ウエストコート）を着ている場合**とされています。日本でも昔、スリーピース（三つ揃え）のスーツが流行ったことがありましたので、年代によっては古めかしく映るアイテムのようです。しかし、ベストはジャケパンスタイルと非常に相性が良く、クールビズとウォームビズ両方に使えます。

春夏のジャケットを脱ぎたい時期に、ベストは重宝するアイテムです。もちろん単品でも購入できます。ベストは既製服であっても、〝お直し〟という選択肢を採れば、たとえばお腹周りがゆるい場合、詰めてもらってシルエットをきれいにできます。

春夏は麻の素材、秋冬はコーデュロイやツイードを揃えると、コーディネートのバリエーションが広がります。休日にジーンズ姿であってもベストを羽織るだけで、キチンとした印象を与え、小ぎれいなスタイルになります。女性からも好感度大です。

ベストをお勧めした猫背ぎみの男性が「姿勢が良くなったね」という周囲からのフィードバックがあったと教えてくれました。

細身の男性は、襟付きのベストを着ると、胸板にボリュームが出せて貫禄《かんろく》が出ます。また、メタボ気味の男性がシャツの上にベストを着ると、おなかが隠れ着ヤセして見えます。

STEP③ 襟やカフスの形にこだわりを

シャツの襟もとが演出する男のエレガンス

ヨーロッパのアンティークショップでは、シャーロック・ホームズに出てきそうなクラシカルでさまざまな襟のパーツが単独で売られています。組み立て式でシャツにつけ替えるためのバラエティーに富んだシャツ襟です。上に羽織るジャケットや結ぶタイによって、シャツの身頃に最適な襟につけ替えていた、当時の紳士のダンディズムを物語っています。

今でもシャツ選びのポイントは襟のカタチです。現在の標準となっているのが**セミワイドカラー**。**ワイドカラー**より開きが狭めの襟で、着る人を選ばない襟です。**レギュラーカラー**は、開きが90度くらいで、今見ると少し古く映りますが、首が細くて頭の小さい人にはよく似合う襟です。また法曹界の方や堅い業種やポジション、謝罪や不祝儀の場面でもレギュラーカラーはフィットします。

手持ちのジャケットの襟にあるラインで下部と上部の境目のラインを「ゴージライン」と呼びますが、その角度と手持ちのシャツの襟のカタチが合っているか、確認しておくと失敗しません。

ネクタイが必須の堅い職種の男性におススメの襟に、クラシカルな**タブカラー**があります。この襟は既製品ではなかなか見つけることが難しいので、オーダーが主流です。左右の襟の裏に細い帯状の生地とボタンがついていて、ネクタイを締めたあと、裏でボタンを留めます。結び目の下に隠れたタブがネクタイを押し上げて立体感を際立たせるから、男らしく端正で美しい襟元を演出します。〝ジャズエイジ〟全盛期の1920年代に一世を風靡《ふうび》したスタイルです。金具で左右の襟を留めて固定するカラーバー、カラークリップと呼ばれる小物もあります。

現在のメンズの売り場のマネキンのネクタイの結び目も、必ず持ち上げられたように立体的にプレゼンテーションされているので、その差を観察してみてください。

丸首のTシャツを着たときとドレスシャツを着たときを比較すると、表情が違って見えますよね？　ドレスシャツのほうが顔が小さく、そして着やせして見えます。

それは、シャツの襟もとが作るシルエット、いわゆるVゾーンと呼ばれる箇所にポイントがあります。顔近くのVゾーンに奥行き感があるかどうかで相手に与える印象はずいぶん変わります。丸首Tシャツでは印象の補正は難しいのです。

たとえば**ウイングカラー**と呼ばれる襟が立った華やかなドレスシャツには、蝶ネクタイのようなドレッシーなタイを結びます。シャツとネクタイの相性は密接に関係しあっています。

少し強面《こわもて》な男性が、柔和な雰囲気や馴染みやすい印象をプラスしたい場合には、襟の先端にごくわずかに丸みをもたせた**ラウンドカラー**を選びます。一見しただけでは気づかない差異ですが、全体的なシルエットが、ソフトな表情に見えます。ラウンドカラーは、カジュアルダウンしたいジャケパンスタイルや休日着としても使えます。

ノーネクタイでジャケットを羽織る場合にも、襟のカタチが非常に重要です。ネクタイを外して第一ボタンを開けることを想定すると、襟がジャケットの下で収まりが良いことがポイントです。襟がクタッとしていると、だらしなく見えてしまいます。

シャツの台襟のシルエットは、顔周りで立体感を作ります。きちんとして見えるか、だらしなく見えるか、の境目なのです。

台襟の立体感を損なわないために、**ボタンダウン**や襟裏で止めるスナップダウンの襟のドレスシャツを選べば、ネクタイなしでも襟が立った状態を保つことができます。また、首が太めで短い男性には、台襟なしのもので、襟一枚で自然にロールアップする**ワンピースカラー**がありますし、最初から第一ボタンがなく、第二ボタンから自然にロールさせる**ナポリカラー**もあります。ただしこの二つのシャツは開襟しているので夏向けになります。

通年着られて、秋冬はネクタイをするのであれば、**ホリゾンタル**と呼ばれる直線的に襟が開く襟があります。高めの位置で襟がジャケットにフィットして、襟先がしっかりとジャケットのラペルに収まります。

シャツの襟のバリエーション

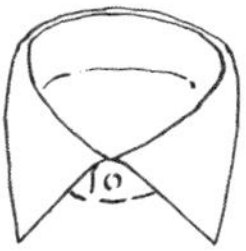

セミワイドカラー
現在のスタンダード

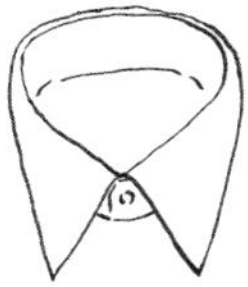

レギュラーカラー
信頼・謝罪のイメージ

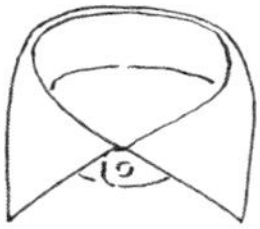

ワイドカラー
首が太い人に。ネクタイも太く

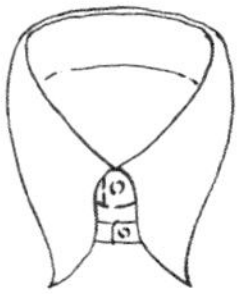

タブカラー
ネクタイが引き立つ襟

ウィングカラー
ボウタイと合わせて

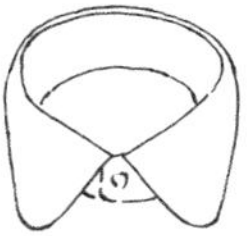

ラウンドカラー
優しい印象を与えます

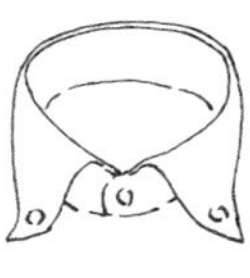

ボタンダウン
ジャケパン、アイビートラッドに

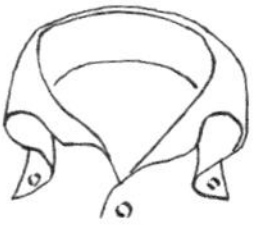

ワンピースカラー
涼しげで夏向き

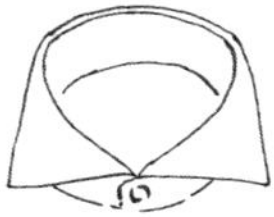

ホリゾンタル
スタイリッシュな印象に

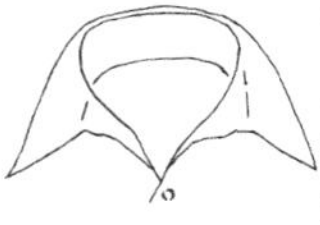

ナポリカラー
台襟が高く首の短い人向け

しっかり見られている袖口のディテール

顔と離れていることもあって、盲点になりがちなのがシャツの袖口。男性が女性のリングの有無にすぐ気がつくように、女性は男性の手元や袖口を目ざとくチェックしているものです。

選挙で当選する政治家は、街頭演説のときに汗だくでシャツの腕まくり姿であっても、襟と袖口だけは必ず念入りにプレスしています。手首が細い人には、袖口を折り返して二重にした**ダブルカフス（フレンチカフス）**という重みのある袖口が、バランス良く優雅に見えます。

シャツの袖口は両手をまっすぐ下に伸ばしたときに、ジャケットの袖から1センチから1・5センチくらい見えるのがベストです。シャツが下着であった名残からジャケットの汚れを防ぐ役割もあるため、ジャケットの裄丈《ゆきたけ》よりも長めにするのです。

スーツの解説本の中には、ジャストサイズの裄丈ではなくて、少し長めに作るべきだ、としているものもあります。腕を曲げたときに引っ張られて袖口の位置が移動するのを防止する、あるいは時計の抵抗で下がりにくくなるのを防ぐなどの効果があるからです。その場合、袖口のサイズがポイントになります。あまり袖口の径《けい》を大きくすると手にかぶさってしまいます。少し細めにして手首のところでちょうどひっかかる程度の径にする必要があります。腕時計をする側の袖口を若干大きめにする微調整をするケースもあります。

こうしたこだわりを実現するためには、シャツを〝お誂《あつら》え〟する必要があります。お手軽な値段から可能なのでぜひ試してください（終章参照）。

個性が輝くカフリンクス

ドレスシャツの袖口をボタンの代わりに留める**カフリンクス**をしている男性は少数派ですが、男性にとって許される、限られたアクセサリーとして貴重です。ビジネススーツにもジャケパンにも合うカフリンクスを楽しみたいから、シャツはすべて長袖しか持たないという男性もいます。初心者の方は、ボタンとカフリンクス併用の**コンバーチブル袖**からトライしてみてはいかがでしょうか？　文字通りボタンとカフスの両方に対応しているカフスの形です。

袖口をボタンからカフリンクスへ変えるだけで、袖口が端正でエレガントな雰囲気になります。「桜色のシャツを着るのは恥ずかしい」と白シャツに徹している男性でも、お花見の席では、カフスに桜をかたどったカフリンクスを活用していました。

カフリンクスを使えば、そのように装いに季節感を盛り込むことも可能ですし、仕事に関連するものや趣味のヨットやゴルフのモチーフをあしらっても、さりげない個性の表現になります。貴金属製から布地で作ったカジュアルなものまで種類が豊富で、ビジネススーツからジャケパンスタイル両方と相性が良く、ディテールで主張する男性にふさわしいアイテムです。

スーツ姿に高級時計やアクセサリーで主張することは憚《はばか》られる時代の雰囲気ですが、女性たちが男性のディテールを見逃さないことに変わりはありません。女性たちは切り揃えられた爪、ボタンや袖口からのぞく男性の人柄を静かに観察しているものですよ。目立たないディテールに凝れば、パーティーや食事会で隣り合わせた人との会話のきっかけになり、初対面に近い間柄でも、共感や親近感が生まれる可能性が大です。

第５章のまとめ

STEP①

・シャツの下に下着を着るなら透けて見えないように。

・コットン製の白ドレスシャツが基本。

STEP②

・ドレスシャツは必ず長袖に。胸ポケットは不要。

・良いシャツのポイントは生地の質感、襟の立体感、アームホールが曲線縫い。

・シャツの胴回りは実寸プラス15センチが目安。

・スーツ用のシャツでのノーネクタイはＮＧ。

・クールビズのシャツは厚手のコットンや鹿の子素材を選ぶ。

・ベストは男の七難を隠す万能アイテム。

STEP③

・シャツの襟や袖口にこだわるようになれば、あなたも上級者。

第6章

ジャケパンスタイル・スーツスタイル

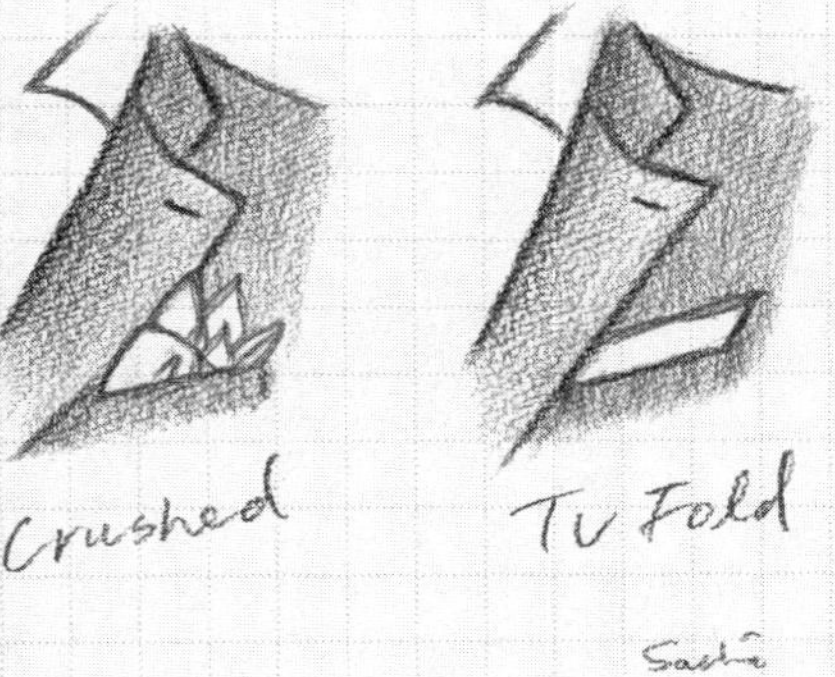

STEP①

ジャケパンスタイルにはまずネイビーのジャケットを

スーツVS.ジャケパンスタイル

スーツは、ジャケットとパンツが同じ素材でできた上・下セットを指します。ベストを加えて三点セットとなることもあります。興味深いことにスーツ（suit）が他動詞になると、（人に）都合がいい、（人を）満足させる、（目的、好み、条件などに）適する、（服装などが）似合うという意味を持ちます。

そうした語源からも読み取れるように、スーツは好き嫌いというよりも、歴史的背景から育まれた社会性を帯びています。着ている人の**立場や役割にマッチして、相手や場所にも相応しいものを選ぶことが必須条件**です。

「スーツは紺に始まり紺に終わる」と言われ、ビジネスシーンにマッチする色はごく限られていて、紺系とグレー系が定番です。最近は鮮やかなブルーもありますが、ビジネスシーンでは王道のスーツ・ジャケパンを押さえましょう。選び抜かれたベーシックをステキに着こなすには、**シルエット**と**サイズ感**が合っていることが必要不可欠です。

一方ジャケパンスタイルとは、ジャケットとパンツの上下が別々の素材、色合い、柄などを組み合わせる着こなしを指します。ジャケパンスタイルのジャケットは、スーツ用のジャケットと形がほぼ同じですが、スーツのような光沢のある生地は使いません。生地の風合いが厚めでざっくりしているといったらわかりやすいでしょうか。太目のステッチや、ボタンに特徴があったりします。

スーツのようななめらかな生地のジャケットにジーンズを合わせるのは、ちぐはぐなことだとすぐにわかりますよね。一つひとつ見れば悪くないのに、全体的になんだか冴えない印象は、バランスに問題があります。生地の風合いはイメージに影響を与えます。スーツのジャケットをジャケパンスタイルに使うのは、生地感のズレが避けられないので、難易度が高く、避けたほうが無難です。

ジャケパンスタイルのためのジャケットを初めて新調するならば、**ネイビーの無地**

ジャケットをお勧めします。ビジネスで活躍するだけでなく、汎用性があるのでコーディネートのしやすい色です。ジャケットの素材としては、サマーウールやジャージーなど、カジュアルな素材で、皺になりにくく扱いやすい生地のものも多く出ています。薄く肩パットが入ったものを選ぶと、シルエットの自然なキレイさを保てます。

服を定番ベーシックに徹すると、足元の〝着づかいの効果〟が最大限に生かされます。同じ服でも、足元で印象を自在に変えられるのです。黒の革靴を選べば、スタイリッシュで堅い印象になり、ジャケパンスタイルでもビジネスシーンでの対応が可能です。

ブローグのダークブラウン（第4章を参照）の靴を合わせると、ソフトで華やかな雰囲気になり、女性からの好感度がアップします。ネイビージャケットのボタンに茶系を選べば、おしゃれ度は上がります。小物やベルトで色を合わせると、点と点がつながり、全体の統一感が出てセンス良く見えます。

ネイビージャケットに合わせるボトムスとしては、ウール生地のグレーパンツがジャケパンスタイルの定番中の定番です。柔軟なドレスコードのオフィスでは、形のきれいなコットンパンツやジーンズを合わせられます。とはいえオフィスでは、カジュアルになりすぎないように足元はダークブラウンの革靴を履くなどでキチンと感をプラスして、全体のバランスを調整しましょう。休日には、白のデニムに足元をデッキシューズやスニーカーに変えるだけでカジュアル感を自在に出せます。

ネイビージャケットのボタンをメタルボタンに変えると、ネイビーのブレザーに変身しますし、その逆もありです。洋服好きの顧客のOさんは、銀のアンティークボタンを旅先で見つけて、ボタンから雰囲気に合う生地を選んで風合いのあるブレザーを作りました。お持ちの小物ともテイストが合っていて、クラシックの枠を超えてご自身のスタイルを確立されていました。

スーツはジャケットとパンツがセットになっているので、出張や移動が多いビジネスマンは、必然的にパンツが上着のジャケットより先に劣化しやすい傾向にあります。スーツとセットのパンツをあらかじめ2着作られる方もいます。一方で、ジャケパンスタイルには、同じものを購入しなければいけない、という制約がありません。

ジャケパンのジャケットであれば、素材や色、柄がスーツのジャケットとは比べ物にならないほど選択肢が豊富になります。ボタンやステッチ、そして袖口のデザインもさまざまです。スーツに遊びの要素は入れられませんが、ジャケパンならば、自分なりの差別化を盛り込むことも可能です。袖口を本開き切羽として、ボタンをわざと一つはずす。袖口のボタン糸を一つだけ変えてアクセントカラーにする。わずかな細工は、さりげなく印象の良さを底上げしてくれるのです。

クールビズはジャケパンスタイルに

理系男子でなくても悩むのが、ビジネスシーンにおける春夏の**クールビズ**の装いでしょう。上下スーツスタイルのままでネクタイをはずすだけの服装は、あくまでも日本独自のスタイルです。その姿で国際的な場面に出たとしたら、必ず浮いてしまいます。

衣替えシーズンより早めの5月くらいになると、ビジネスパーソンの多くがクールビズになります。残念なことに、通勤の姿を見ていると、そのほとんどの方がスーツスタイルのままネクタイだけを外してクールビズとしています。

スーツからネクタイをはずすと、シャツがはだけるうえに襟が寝てしまい、非常にだらしない印象になります。着ている本人は涼しいのかもしれませんが、スーツはダークカラーが多いため、周囲にとっては余計に暑苦しく見えます。中にはボタンダウンのシャツにして、襟が立つように配慮されている方もいますが、カジュアルなボタンダウンシャツや色付きボタンシャツのカジュアルさがダークスーツとマッチしません。

クールビズの浸透で、オフィスにおける装いの自由度は高くなったものの、本当の意味で日本男性を自由にしたのか、という点では疑問が残ります。

ノーネクタイであってもビジネス上失礼がないように装うのは、実は極めてハードルが高いのです。今まで以上に、そのあたりがわかって〝着づかい〟のできる大人の男性と、そうでない人との差がさらに開いているように感じます。クールビズであってもきちんとネクタイを締めているだけで凛と見え、引き立つので好感度が高いのは事実です。

ビジネスタイは無地をまず揃える

ネクタイは厳選されたものだけを手元に置くことにしましょう。**素材はシルク製でソリッドと呼ばれる無地のネクタイ**、本数は**最低5本**あれば十分です。量よりも質。ブランドが一目でわかるロゴが入ったようなネクタイは、ビジネスや公的な仕事の方は避けるほうが無難です。

気をつけたいのがプレゼントされたネクタイです。プレゼントしてくれた人に対して、お礼の意味で着用して披露することもあるでしょう。しかし、個性的な柄、プリント柄であればビジネスには不向きです。

良質なクオリティのタイを探すと結局、一流ブランドの製品に行きつきます。その中で無地を探すのが賢い選択だと思います。よく観察するとわかりますが、各国の首脳や歴代の米国大統領のネクタイは無地が圧倒的に多いのです。ネクタイの価格は一万円以上から選びましょう。

ネクタイの基本の色を顧客に説明したら、「あ、信号機ね」と言われたことがありますが、その通りです。定番はネイビーブルーのネクタイ。日本人の肌色に馴染みやすいからです。肌色には静脈の見え方による影響でブルーベースとイエローベースがあることは先にお話ししましたが、ブルー系はグラデーションが豊富なので、どちらの肌色にも合います。

青が持つ色彩心理は、知性、信頼感、誠実さ、クールさ。精神が落ち着く日本人が好む色ナンバー1であり、それは万人に似合う色だから好感度が高いのだと思います。とはいえ、色彩心理は表裏一体な面もあって、ブルーには、冷たい、孤独、というマイナスイメージもあります。

ネクタイが無地でも、織柄や光沢のあるネクタイであれば陰影を作れるので、単色のフラットな印象をカバーすることができ、生地によっては華やかにもなります。

次に揃えたいのは、赤。ボルドーなど暗い色になるにつれ落ち着いたイメージになります。赤は情熱を表す色なので、ここぞという勝負の日などにお勧めです。

最後に黄色ですが、協調性や溌剌《はつらつ》としたイメージがあります。コミュニケーションを円滑にする色ともいわれていて、プレゼンテーションや発言したい時には効果的ですが、ややカジュアル寄りです。シャンパンゴールドのネクタイは、華やかで品があります。

ネクタイはVゾーンを華やかに演出するうえでも、実はとても有効なアイテムです。春夏のジャケパンスタイルに季節感が出ておススメなのは**ニットタイ**です。ボタンダウンのようなカジュアルなシャツとも相性が良く、清涼感が出て、見ている人には涼しげに映ります。

一見カジュアルで子供っぽい印象になりがちなギンガムチェックのシャツに、ニットタイを合わせるだけで大人の男性スタイルになります。ニットタイはたいていどこのスーツショップでも扱っています。揃えたいのは紺と茶色。ジャケパンスタイルにコーディネートやすい色です。

ビジネスネクタイのレジメンタル（ストライプ柄）は日本ではポピュラーですが、ちょっと注意が必要です。ストライプ柄は、フレッシュな印象を与えますが、欧米のビジネスマンから見ると学生のように映るそうです。そういえば高校生の制服のネクタイもストライプ柄が多いですね。ストライプ柄は、カジュアルファッション向きなので、国際的な場面やビジネスシーンでは避けたほうが無難です。

その理由は、起源を知ると納得がいくでしょう。英語でレジメンタル（regimental）とは、「連隊に属する」という意味で特定の団体に属することを示すからです。

ネクタイにおけるレジメンタルは元々、イギリスの軍旗をベースにしていて、英国海軍は紺×赤×黄色、空軍は紺×白×エンジがテーマカラーになっています。19世紀頃から、イギリスの名門大学において、それぞれの大学を表すレジメンタルタイが普及したものの、OBの彼らであっても、同窓会を除けばフォーマルな場でレジメンタルのネクタイをすることは稀《まれ》だそうです。

ネクタイ選びより大事な「結び目と長さ」

座っていても立っていても、必ず相手の視界に入るのがネクタイの結び目です。どんなにステキなネクタイをしていても、結び目がだらしないと台無しになってしまいます。

第5章で、シャツの襟について詳しく触れましたが、シャツの襟の形と襟の角度によって、最適なネクタイの結び方がはじき出されます。ワイドカラーのように襟の開きが大きい場合には、肉厚のネクタイで大きめな結び目にするとバランスが取れます。

「ネクタイの幅は、ジャケットの下襟（ラペル）の幅に合わせる」という黄金律を知っておくと、ネクタイ選びでチグハグな幅をチョイスすることは避けられると思います。ネクタイ購入の際には、いつものシャツとスーツを着用してお店に行って選ぶようにしましょう。

高身長の方や、ぽっこりおなかの人は、ネクタイの長さにも注意が必要です。ジャケットを着ているなら目立ちませんが、椅子に着座をしてジャケットのボタンを外したときにも、ネクタイの剣先は目立ちます。ネクタイの長さはベルトに届くくらいがベストです。それよりも短すぎても長すぎてもバランスが良くありません。

ベルトはシルエットを締める重要アイテム

ベルトは、靴の色とも連動しています。ジャケットを着用していて立っているときには見えなくても、座るときにはジャケットのボタンを外すので、相手にベルトが見えてしまいます。またベルトは身体の真ん中あたりに来るため、全体的なシルエットを引き締め、脚を長く見せる効果があります。ベルトは足元の靴と並んで小物の中でもひときわ目立つ存在です。

だからと言って、ベルトだけ豪華一点主義的な主張を出してしまうと、全体のバランスが崩れ、知性と品位を損ねてしまいます。ブランドのロゴのついているベルトがその一例です。**ビジネススタイルでは無地で上質な革製のベルトでシンプルに**徹しましょう。洗練されている男性は、靴の革とベルトの革がマッチしていて、品の良い小物が、スーツ姿を静かに盛り上げています。

ベルトの品質は値段と比例しています。ベルトを新調するときは、スーツスタイルには自分のサイズの前後3センチくらいの目安で試着して選びます。ベルトはパンツの股上の深さで微妙に締める位置が異なります。必ず合わせるパンツをはいてベルトを試着するようにします。ベルトサイズは、穴が五つあったら真ん中の三つ目の穴で留める長さのものを選びます。ベルトを締めたときに左右二つずつ穴が見えると均整がとれます。

スーツのジャケットのフロントボタンは、立っているときには上の一つだけ閉じて、座るときには外すのが正式なマナーです。段返り三つボタンジャケットの場合は、真ん中のボタンを閉じます。着座してボタンを開けると、ベルトが見えるので、革が擦り切れていたりしたら新しいものに交換しましょう。またスリーピースのベストの一番下のボタンは、常に開けておくべきものです。

ビジネススーツに合わせる**ベルトは黒とダークブラウンの2本がマストアイテム**です。革靴と同じですね。何本もいらないので、上質なカーフの表革を使ったベルトを揃えます。バックルはシンプルなピンで留めるタイプがベルトだけが目立つことなく馴染みます。シャツ姿になると、男性のベルト穴は相手の視線にさらされています。視覚的に左右に同じ分量のベルト穴が出ていることで、端正で凛《りん》とした印象が整うのです。

クールビズ用のベルトは、カジュアルな素材のベルトが合います。たとえばメッシュやコットンキャンバス、スエードなどが使えるアイテムです。メッシュタイプは、伸縮性があるので、長時間の移動が多いときにはとてもラクです。カーフの素材でも明るめの色の茶を選んでみても良いですね。

幅は、3・5センチを超えると革製であってもカジュアルな雰囲気になります。ベルトの縁にステッチが入っていると、ジャケットスタイルのときにコーディネートしやすくて重宝です。バックル部分の金具は、夏はシルバーのほうが合わせやすく涼しく映ります。**ベルトの幅が太くなるほどカジュアルな印象になる**ことを知っていれば、着づかいの基準になります。

日本のクールビズの究極のソリューションは、スーツをやめてジャケパンスタイルに切り替えることにあります。ジャケパンは、形はスーツとほぼ同じです。

職種や職場で、「ノータイ」が許される環境であれば、上下セットアップのスーツは潔くあきらめましょう。**クールビズの機会こそジャケパンスタイルに切り替えるチャン**

スです。夏のジャケットは、清涼感のある「シアサッカー」生地のジャケットが見る側にもとっても涼しく映ります。無地を選べばオフィスや食事会の席でも使えます。

ジャケパンに合わせるシャツの生地はスーツ用のものにくらべて、風合いがあるシャツがお勧めです。襟の形がノーネクタイでもさまになるようなシャツが数多くあります（詳しくは第5章参照）。

ネクタイを外したVゾーンをカバーするために、ポケットチーフを差し色で入れると華やかな印象になりますよ。ポケットチーフについては次のSTEP②でご説明します。

STEP②

ジャケパンスタイルのシャツやパンツの選び方

靴や小物で休日のカジュアルを底上げ

奥様からのスタイリングの依頼で、「ご主人の休日スタイルをなんとかしてほしい」

という要望がかなり多くあります。普段はスーツをそれなりに着こなしていても、休日着となるとわからなくなってしまう男性が多いようです。

「カジュアル」といえば、アウトドアでもないのに学生時代に流行ったアメカジのダボダボなチノパンやネルシャツを羽織るようなスタイルの男性とは、一緒に出掛けたくないという女性は多いです。

オフィスでのドレスコードが寛容になったクールビズの機会を活用して、オフに着る服を少しきれい目に格上げしましょう。ワードローブで休日と仕事着の境界がなくなり、〝オトナの男性の着づかい〟の腕を上げるチャンスです。下がジーンズであっても、ネイビージャケットを羽織るだけで、ステキ度をアップし、全体的にスタイリッシュな印象になります。ホテルのドレスコードの「**スマートカジュアル**」は、ジャケット着用が基本です。

鹿の子素材のシャツならば、着心地がラクなうえ、ジーンズとも相性が良いので、一枚持っていると便利です。白のシャツに足元はサマースエードの靴を合わせたら、大人のオフスタイルの完成です。女性にも好感度が高いです。

最近はポロシャツも進化しています。

ポロシャツといっても襟が高く、ジャケットを着たときにシルエットがきれいになるドレスシャツタイプのものがあります。比較的リーズナブルな値段で、パターンオーダーで作ることができるブランドも出てきました。それならフィット感も抜群で、シルエットも美しくなります。スリムなポロシャツへと少し変化させるだけで、見栄えは劇的に変わるものです。

休日服＝カジュアルと決めつけず、仕事でも使え、いつも着慣れたジャケットやシャツを休日にも着たほうが、プライベートや家庭内での支持率は確実に上がります。ワードローブ・マネジメントを実践して、選び抜いたベーシックな服を着こなせば、コーディネートで〝**こなれ感**〟が自然と出せるようになります。

パンツはテーパードの美シルエットを選ぶ

顔周りは、手を洗う際に鏡でチェックすることが多いと思いますが、足元は全身鏡を使うなり、意識して客観的に見る目を養わないかぎり、全体のシルエットの良し悪《あ》しに気がつきません。朝、出掛けるときには、全身を鏡に映して自分自身を見てみましょう。

着物の世界でこそ衣擦《きぬず》れの音は風流なものですが、衣擦れの音がするほど足元にボリュームがあるよりも、**テーパード**といって、裾に向かうにつれて幅が細くなるような、脚の形に合ったシルエットのほうがスッキリして見えます。余分な緩みのないパンツを履いていれば、脚長効果も期待できるのです。

スーツ姿に浅い股上のパンツは、ネクタイの剣先との長さとのバランスがとりにくく、胴長に見えるので、大人の男性にはお勧めできません。逆に年配の方に多く見られるのは、股上が深すぎるパンツです。これは古めかしく見えるだけでなく、脚が短く見えてしまう欠点もあります。

パンツを選ぶ際にはウエストサイズから探すことが多いと思いますが、実はフィット感で重要なのは、ウエストよりも**ヒップライン**です。ウエストはベルトがあるので多少のアジャストは可能ですが、おしり周りは直しが難しいところです。

3キロくらい着やせして見えるシルエットのコツは、おしりを立体的に包んだうえで、おしりの高い部分からストンと足下に向かって細くまっすぐ伸びる線があることです。立っているだけではわかりにくいので、試着の際には椅子に座って苦しくないかチェックしてみます。サイズの目安は、平均的な男性なら、太ももの実寸にプラス約10センチ、おしりにプラス15センチ、裾幅は18センチから20センチです。

しっかりプレスされた**パンツにセンタークリース（折り目）**があることで立体感が出て、奥ゆきが影を作ります。全体的にきれいで清潔感のあるシルエットになります。すぐに意中のパンツを決めないで、スタイルの異なるパンツをいくつか試着しましょう。ウエストのサイズが同じでも、おしりのラインやテーパードの状態によってシルエットが全く違うからです。

試着室から出て、後姿が映る鏡であらゆる角度からチェックしましょう。アメリカの高級百貨店では、試着の画像を360度から撮って比較できる試着室が存在します。パンツを購入する際には、手持ちの靴を履いていくことをお勧めします。靴によってフィットする裾の長さが微妙に異なるからです。パンツ丈は、「ハーフクッション」が現在の主流です。

パンツの裾の処理については、**シングル**と**ダブル**があり、裾を折り返した処理をダブルと呼びます。礼服の場合はシングルとするのが基本のルールですが、通常のスーツスタイルやジャケパンスタイルのパンツの裾は、ダブルのほうが折りたたまれた生地の重みで下に引っ張られ、皺にもなりにくいのでお勧めです。ダブルの折り返しの幅は、4〜4・5センチが目安です。ダブルにしておけば、飽きたらシングルにしてしまうことも可能です。

手に利き手があるように、足にも軸足があり、左右差があります。パンツの裾の直しの際には、必ず左右両方とも測って、ピン打ちして長さを調整してもらいましょう。その差が0・5センチであっても妥協しないことが、のちのち大きな差を生みます。

パンツのポケットに財布を絶対入れない

スーツのときには、上着のジャケットがおしりを隠してくれますが、クールビズのシーズンはシャツ姿の男性が増え、ヒップが後ろから見えてしまいます。男性の後ろを歩いていると、片方のポケットだけポッコリしている人をよく見かけます。ポケットにきっと財布を入れているのですね。それが原因でポケットの端が擦れていることもしばしば見られます。パンツのポケットに財布を入れる行為は、パンツ生地と財布両方にダメージを与えます。さらにジャケットやポケットのポッコリは全体のシルエットを損ねます。

余談ですが、裕福な人ほどお財布が薄いと言われています。確かに財布がスリムなほうが、支払いのときスマートですよね。お札を入れる長財布はバッグに入れて、手持ちにはカードが数枚と現金が少し入るマネークリップ（レザーでカードが収納できる薄型のマネークリップもあります）を使うと、ポッコリしたお財布は改善します。電子マネーを上手に活用すれば、持ち歩く小銭の量を減らせてお財布も軽くなります。

時代が移るにつれ、スーツの全体的なシルエットの変化と連動して、パンツも同様にゆるやかなモデルチェンジがあります。現在、既製のパンツの裾まわりは、スッキリしたシルエットが主流です。

男性本人にしてみれば、脚の長さはコンプレックスになりかねないかもしれませんが、女性は実際の脚の長さよりも、清潔感やパンツにプレスがかかっているかなど全体の雰囲気を重視します。見方の性差につながるかもしれませんが、女性は実際のサイズよりもむしろイメージ的に、もっと感覚的に捉えているのです。

女性は、靴やパンツの色の視覚効果を心得ていて、背が低めで小柄であれば、縦長に見せるシルエットの組み合わせや、パンツや足元を淡い色にしてなるべく視線を上に集めるような工夫をしています。

男性の場合も、ジャケパンスタイルなどでは、女性のテクニックが応用できます。たとえば白のパンツにすれば全体的に清潔感が出て、縦長シルエットが実現します。薄毛や白髪を気にしている男性は、髪型とパンツをコンパクトにしたほうが、スッキリして若々しく見えます。

ポケットチーフはジャケパン・クールビズの強い味方

ジャケットのVゾーン横の胸元のポケットの形状には、さまざまな形があります。よく観察してみると、平行に近いフラットの形状や、胸の厚みを強調するように切り口が斜めに鋭い曲線もあります。そしてジャケットの胸ポケットに入れても良いとされているのは、ポケットチーフ類のみです。

ポケットチーフは結婚式や式典などのフォーマルの場で胸元に挿すだけではありません。ポケットチーフの露出面積は、ネクタイに比べてごくわずかですが、クールビズなどで、ネクタイを外した首元には、ジャケットにポケットチーフ使いが効果的です。コントロールの利いたワードローブの中では、ポケットチーフ使いの威力が発揮されます。胸元にポケットチーフがあると表情に華を添え、余裕がある印象を相手に与え、あなたの魅力を倍増させます。

まず揃えたいポケットチーフの基本の色は、**無地の白**です。ダークスーツの生地面積を考慮すれば、胸元のほんの一部分だからこそ、挿し色の白は大きなコントラストを生みます。白はシャツ同様、清潔感が命です。笑ったときの歯の白さと、ポケットチーフの白がリンクしたら、相手からの好感度は確実に上がるでしょう。

同じ白のチーフであっても、**シルクと麻の二種類の素材**を揃えるとオールマイティーに使えて重宝します。シルクの品質は、値段に比例します。シルクならば通年使えるので、どうせ買うならば、思い切って上質なものを選びましょう。シルクは光沢感があるので、写真に撮って比較してみるとポリエステルとの差異は一目瞭然です。さらにシルクはポリエステルよりもポケットの中で滑りにくく、チーフの型崩れを防いでくれます。

せっかく高価なチーフを買っても、ポケットに挿したら見える面積が少ないのにメリットはあるのでしょうか？　それがあるのです。ディテールに込めた粋は、感度の高い人同士で引き合います。たとえばポケットチーフの縁が手縫い処理でされている粋なチーフを挿した男性には、視線が釘付けになります。ジャケットの胸ポケットの縁からわずかに右肩上がりに沿って縁取りがシルクの美しい陰影、見る人が見れば必ずわかる、これが上級編の隠れたおしゃれです。

シャツのクレリックのように、ポケットチーフも、薄いブルーの生地で、エッジ（ふち取り）だけ白を選んでもバリエーションが増えます。

一方で、麻は、綿に比べて白さの鮮度を長く保てるのが利点です。見た目も清涼感があり、日常使いやジャケパンにも適しています。

基本の白のポケットチーフを揃えたら、ポケットチーフの挿し方のバリエーションを覚えましょう。シャツの襟のように、色が同じでも挿し方で表情が変わります。

まずマスターしたい基本形は、**TVホールド**です。フォーマルに使えてビジネスの場面でも活躍します。ハンカチのように直線的にたたみますが、ポイントは、胸ポケットの幅によりも若干ワイドに幅を取って折ること。そうするとポケットの中で摩擦が起きるので、ズレが防止され、立体感も出ます。普通はスクエアにまっすぐラインを出しますが、おススメは**傾斜をつけて左端の角度をわずかに上げ気味にして挿す方法**。この視覚効果で胸板がひときわ厚く見えますよ。ジェームズ・ボンドのポケットチーフはこの折り方がほとんどです。謝罪の場面などでのポケットチーフは、麻の白がしっくりきます。控えめで礼儀正しく、誠実な印象に映ります。
結婚式などフォーマルな式典でおなじみなのが**スリーピークス**です。正方形のチーフの角で三角形の山を三つ作りスライドさせ、ポケットの奥行きに合わせて折り返して挿します。

ビジネスの会食やパーティーでダークスーツを華やかに演出したいときには、**パフ**が映えるでしょう。ポケットチーフ中央をつまんでふんわりと無造作に入れたようなドレープが優雅に演出します。素材はシルクを選びます。しなやかで豊かな生地感のドレープが出るのでポケットに挿しやすいです。

ジャケパンスタイルでのカジュアルダウンや、プライベートには**クラッシュ**が着こなしに洗練さと貫禄《かんろく》を持たせてくれます。挿し方は、ポケットチーフの生地の中央をつまみ半分に折ります。真ん中のふくらみをつぼみとして、チーフの四隅を葉に見立てて広げます。クラッシュの挿し方は、着こなし全体に躍動感が演出できるので、ポケットチーフを使って、存在感とメッセージ性を意図的に強調したい場面に向いています。

わたしの顧客であるポケットチーフ上級者、Mさんの奥義を明かします。それは「革製のポケットチーフホルダーを忍ばせること」です。どんな折り方をしても軽い小さなホルダーがしっかりホールドし、この裏技がチーフの乱れを防いでくれるそうです。最近では、プラスチック製の軽いポケットチーフホルダーも出ています。プラスチック製ホルダーは、革製と比較するとキープ力が若干弱いので、生地が厚手のポケットチーフに向いていています。

白のポケットチーフに慣れたら、次のステップとして、**色やチーフの素材で季節感**を取り入れてみてはいかがでしょうか。ネクタイを無地にしたら、ポケットチーフは同系色でも良いですし、色の変化をつけることも可能です。夏の時期には、麻素材で清涼感を出し、ライトグレーやベージュなど明るめの色彩にします。冬はウールやカシミヤがブレンドされている生地が、柔らかで温かい風合いが出ます。

パーティーやプライベートのときでは、ポケットチーフはネクタイよりも露出面積が少ないことを逆手にとって、エルメスやエトロ、エミリオプッチなどの一流ブランドが得意とするプリント柄で冒険してみるのも、良い気分転換になると思います。

ジャケパンスタイルでは、シャツ、ジャケット、ネクタイ、ポケットチーフの中で、柄物を二つまでに留めると品良く映り、コーディネート上の失敗は回避されます。ジャケパンの下地になるシャツと同じ生地で作った、セットのコットンチーフを用意しておくと、コーディネートで迷うことはありません。シャツをお誂えで作るなら、ついでに余り布でポケットチーフも作りましょう。コットン生地なら、のちのちハンカチとしても使えます。折り目正しい清潔なハンカチは、ダンディズムを語れる逸品です。

ポケットチーフの色に迷ったら、ジャケットの生地に使われている色を一色拾ったポケットチーフを使えば､統一感が出てグッとおしゃれに見えます。ジャケットの裏地を、胸ポケットに隠れたポケットチーフとして縫い込んでおく方法は､〝お誂え〟のジャケットならではの工夫です。

STEP③

定番スーツこそビジネススタイルの王道

まずは紺とダークグレーのスーツから

スーツの定番の色は紺とダークグレーがビジネスの場面での王道とされています。

スーツは、地味に徹するのが、見えない敵を作らないための心得です。同性からの嫉妬心や闘争心を煽《あお》ることなく、出るところに出れば引き立ち、上からも下からも好感を抱かれるのが、結局のところ王道なのです。

見た目を磨くことは、本人のモチベーションが上がり、周りにとってもプラスの影響を与えますが、だからといって一点豪華主義的なベルトや高価な時計、とがった靴やテカテカの光沢スーツが、仇《あだ》になるケースがあります。その場の空気を読んで、距離感やバランス感覚を持って、〝着づかい〟に反映できることは、ビジネスパーソンの知性の表れでもあります。仕事が有能で端正な顔立ちをしていて、おまけに身なりが自分よりも上等な部下がいたとしたら、周囲から鼻持ちならない存在だと警戒されかねないことは言うまでもないですね。

ビジネスは、必ず相手がいてこそ成立するもの。社内であれ取引先であれ、関わる相手に負の感情を起こさせないのがスーツにおける最低限の着づかいです。

もともと、奥ゆかしい着づかいをするのが日本の紳士です。相手へのリスペクトを込めた和や協調を得意とする日本人男性はこの点では世界一だと言えます。誰から見ても明らかな変化よりも、自分にしかわからないくらいに秘められた地味な変化のほうが、**無理がなく持続可能**です。本人の内面としっくりマッチしていて清潔感ある装いは、結果的にセンスの良さとして相手に映るのです。

オトナの着づかいにはファッション雑誌に出てくるようなトレンドは必要ありません。正統派の着こなしが、長年愛され続けるのにはそれなりの理由があります。少数精鋭のワードローブ・マネジメントを実践して、ローテーションして着ることが、本人も心地よく品の良いスタイルを完成させるのです。

スーツスタイルの歴史

スーツを着るにあたって、その歴史的背景を理解しておくと役立つことがあります。現在のスーツの原型が登場したのは今から約150年前、産業革命後の1860年代のイギリスに遡ります。

それまでは、昼間の「モーニングコート」や夜の「イブニングコート」に見られるように、おしりを隠す丈の長いものが「正装」でした。現在のように丈の短いスーツのジャケットは、正装に対して「ラウンジスーツ＝Lounge（Lounging）Suit」と呼ばれていました。ラウンジでソファに座り歓談する際に、座るのに邪魔にならないように丈を短くし、ゆとりある上着にしたものが由来になっています。

日本は明治維新後にイギリスに学び、皇室も西洋のドレスコードを採用しました。背広という言葉が使われ始めたのは明治の初め、語源は諸説ありますが、ロンドンの高級注文服街のサヴィル・ロウ（Savile Row）から来ているとするものが有力です。

スーツスタイルは、主としてイギリススタイル、イタリアスタイル、アメリカスタイルが世界的に有名です。それぞれシルエットやスタイルの流行があるものの、スーツが誕生した頃からその形状はあまり大きく変わっていません。**紳士服として極めて合理的に発達した服が「スーツスタイル」**だと言えます。ですからスーツ姿に自己流や崩しや流行を差しはさむことなく、基本から逸脱しないスタイルを極めれば、見違えるような装いになるのです。

理屈の好きな理系男子がステキに変身するには、まずスーツスタイルから始めるのが近道です。

ボー・ブランメルの名言に、「人からおしゃれだと思われているうちは、まだおしゃれではない」「道行く人が振り返ってきみを見る（目立つ恰好）ようならば、きみの着こなしは間違いだ」とあります。究極の男性のおしゃれは、突き詰めると〝地味〟にたどり着くのかもしれません。

ジェームズ・ボンドのスーツスタイルは今でも定番

スーツ姿と言えばジェームズ・ボンド。英国仕立てのスーツを颯爽《さっそう》と着こなして、それが彼を象徴するアイコンになっています。

1962年公開の初作の映画から半世紀経っても、ボンドの着るスーツスタイルは今なお色褪《あ》せていません。派手なアクションシーンでもポケットチーフの形は寸分も乱れず、スーツも汚れません。非現実的な完璧さゆえに、同性である男性にも熱狂的なファンを持ち続けています。

華麗なボンドのイメージとは裏腹に、スーツの着こなしを見るときわめて保守的です。ほとんどの場面で紺かダークグレーのスーツ、シャツは白か薄いブルー、胸元は無地のネクタイに白のポケットチーフ。どのアイテムもいわゆる定番で、どこにも個性的なアイテムは見当たりません。

基本に徹した崩しのない正統派のスーツの着こなしが、今見ても古臭いどころか、むしろ新鮮さを感じさせてくれます。ボンドの説得力のある装いは、オトナの着づかいの参考になります。地味で個性を主張しないスタイルこそスーツスタイルの基本なのです。

ちなみに、ジェームズ・ボンドがしているポケットチーフの折り方は、先に触れました「TVホールド」と呼ばれるものです。

ブラックタイとダークスーツ

夜のパーティーでの男性の正装は、黒のディナージャケットにブラックタイ、そして黒のオニキスのカフリンクスをします。アメリカでは、タキシードと呼んでいます。一方、女性のイブニングドレスには男性に比べると制約が少なく、100人の女性がいたら色も形もさまざまな個性がドレスに反映されます。男性は装いそのものでの差別化は難しいため、生地と「シルエット」に重きが置かれます。堂々とした振る舞いと身のこなしがライバルの男性たちとの差別化のポイントになるのです。華やかなフォーマルな席では、男性は控えめでコンサバティブな装いに徹すること、横にいるパートナーの女性たちをいっそう引き立たせます。タキシードは身に着けている男性をとても華やかに、そして魅力的に演出します。しっかりエスコートしてくれる頼もしい男性に女性は憧れるのです。

夜会の正装は黒のタキシードですが、スーツ姿でパーティーに参加する場合は注意が必要です。黒のスーツは喪服を連想させるため、パーティーの席にはふさわしくありません。パーティーの招待状に「平服でお越しください」とあったら、それはダークスーツを指します。ただし黒ではなく、チャコールグレーか紺色が基本となります。

ダークスーツで出席するパーティーのときには、知っておくと役に立つのは、ジャケットにポケット部分についている「**フラップ**」です。元々は雨や埃から守る目的で付けられたものなので、室内ではフラップはしまうのがマナーとされていました。フォーマルウエアでは、「フラップなしが正装」になっています。

余談ですが、アメリカではじめて既製品のスーツを販売し、ボタンダウンシャツを生み出したアメリカントラッドの総本山と呼ばれるブルックス・ブラザーズは、黒のスーツは絶対に作らないそうです。奴隷解放宣言で有名な、第16代大統領のリンカーンが暗殺されたときに着ていたのが黒のブルックス・ブラザーズのスーツだったためです。

かつての日本でも黒のスーツが流行った時期がありましたが、黒はモード的な要素が強いのでビジネススーツとしては不向きとされています。中には、黒は無難な色と思っている人もいますが、最も強い色の一つです。**礼服が黒一色なのは、あくまで日本独自のカルチャー**です。

黒は素材や生地のクオリティの良し悪しが如実に出てしまうので、難しい色です。黒に近い、たとえば「**ミッドナイトブルー**」と呼ばれる極めて黒に近い紺や、ダークグレーならば、スタイリッシュで洗練された印象を与えます。

ドレスコードは、場面と立場に相応しく、相手に対しての敬意と気遣いを服装で示すための基準です。英国王室やアスコット競馬場では各イベントに相応しいドレスコードを案内するガイドを毎年更新しているほどです。赤穂《あこう》浪士の忠臣蔵もドレスコードが発端といわれています。江戸城内での儀式の相応しい服装について誤った情報を伝えられ、恥をかいた赤穂の浅野内匠頭が老中の吉良上野介を江戸城の松の廊下で斬りつけたことから始まったのです。

スーツスタイルのマナーを学んで、場に相応しい着こなしができると、佇まいに自信が宿るようになっていきます。

第6章のまとめ

STEP①

・ネイビーの無地ジャケットをまず購入
・クールビズはジャケパンに切り替える

STEP②

・鹿の子素材のシャツやドレスタイプのポロシャツを
・パンツはヒップライン重視のテーパードを
・パンツの裾はダブルがお勧め
・パンツのポケットに財布を入れない

STEP③

・紺とダークグレーがビジネススーツの王道
・ビジネスネクタイは無地で上質なもの
・ネクタイは「結び目と長さ」が重要
・スーツ用ベルトは、黒とダークブラウンで上質な革
・ポケットチーフはシルクと麻の白を常備する

終章

オトナの着づかいの集大成は〝お誂え〟

STEP①

シャツのオーダー＝自分だけのシャツを作ってみる

ドレスシャツは自分仕様に限る

男性の服は**サイズ感が全体のシルエットと品格を決める**と言っても過言ではありません。ですからドレスシャツこそ、「誂える」ことをお勧めします。体型に無理なくフィットさせることで、身体の動きが軽快になります。立体的なシルエットのシャツには余分な皺がつかないので、実に着心地が良くストレスフリーです。

お誂えシャツは、自分だけのために作られた世界に一つだけのシャツです。シャツの生地、こまかいサイズ指定、ボタンの位置、ボタンの種類、襟、カフスをセレクトできるからです。顔の輪郭にマッチした、表情の良さを最大限に演出する襟を見つけることも可能です。

腕時計をする側の袖口を少し大きめに仕立てるなど、細部までアジャストでき、劣化が気になる襟やカフスのつけ替えなど、パーツごとのメンテナンスもできます。

ドレスシャツにも**カスタムメイド**と呼ばれる、一種のパターンオーダーシステムがあります。路面店などでもそのシステムを導入しているお店がたくさんあります。インポートの生地を使っても国内で縫製するので、セレクトショップで売られているインポートのシャツよりは安価です。専門店も増えていて、比較的手頃な値段で作れます。

お誂えスーツはハードルが高いと思う方でも、ドレスシャツであればオーダーの世界を気軽に試せて、現状の自分のサイズ感を知るためのベンチマークとして活用できます。

オーダーメイドシャツを初めて作った方は、「**今までのシャツがすべてブカブカだったことに初めて気がついた**」と言います。

「自分の身体に沿うようなフィット感を味わってしまうと、お腹周りのもたついている生地が気に障って仕方ない」「その後ワードローブの中で、自然とオーダーしたシャツに手が伸びてしまう、選ぶ率が高いからへビーローテーションになる」という声をよく聞きます。やはり着心地が良いものは身体がよくわかっていて、自然と身に着けたくなるものなのですね。

「自分だけのために作られたシャツに愛着が湧き、クリーニングにも気を使うようになったし、大切にしたい気持ちが芽生えた」という感想も多く寄せられます。

快適で登場回数が多いのであれば、長い目で見ればコスト的にもお誂えシャツはお得なわけですね。

シャツはとことん細部にこだわろう

お誂えシャツだからといって、ビジネス向けのドレスシャツには細工は避けましょう。オーダーだとわからないくらいの控えめなほうが、品があってステキです。わかる人には必ずわかります。

正統派のビジネススーツに合わせる場合は、品良くオーソドックスに徹します。あくまでも遊びの要素は、ジャケパンスタイルやプライベートのときのシャツに留めましょう。

スーツ用の白シャツには、ポリエステルのボタンではなく、天然の白蝶貝のボタンが品よく映ります。胸ポケットは前に触れたように、**「スーツ用のシャツにはポケットなし」**としましょう。ペンを入れて、インクの染みがシャツに滲《にじ》んでしまったら、ドレスシャツが台無しです。あえてポケットはやめる、これがシルエットを美しく保つ秘訣です。

自分仕様のシャツには、ネームを入れたくなります。元来はクリーニングなどで間違いを防止する役目でしたが、イニシャルやワンポイントでつけるのは隠れたおしゃれ心をくすぐります。ネームは袖口、胸、袖に刺繍《ししゅう》する人が一般的ですが、この位置に目立つ色でネームがあると、オーダーシャツを着ていることを、これ見よがしに主張している感が出てしまうので、あまりお勧めできません。もしネームを入れるとしたら、パンツのベルトの少し下の位置のお腹のあたりにしてはいかがでしょうか。注意して見ないとわからないくらいの淡い色の糸を使ったネーム刺繍がお勧めです。

ノーネクタイの場合のドレスシャツは第一ボタンを外すことになりますが、既製のシャツはスーツの下にネクタイを締める前提でボタンホールの位置が決められているので、第一ボタンを外したとき、襟が開きすぎて見えてしまいます。

ドレスシャツの第二ボタンの位置は、Vゾーンの印象に大きく作用します。オーダーメイドやカスタムメイドをお願いするシャツ工房のプロとよく相談し、第二ボタンの位置を若干上にするなどの微調整をぜひ試してみてください。このこだわりはお誂えだからこそ実現できることなのです。

STEP② 服を自分に合わせる

〝お誂え〟スーツが作るシルエット

いつの頃か定かではないのですが、人気番組の特集で「亭主改造計画」という一日で男性の服装を変える企画がありました。着せ替えのように一瞬のイメージを変えるのは簡単ですが、毎回スタイリストがついてくれるというのは現実的ではありません。服が本人のシルエットとして定着してこそイメージチェンジだと、わたしは考えています。

本人の魂にスイッチが入らなければ、人は変われません。外見を変えていく過程でもう一つ大切なのは、内面の気持ちとの「**一致感覚**」そして「**継続性**」です。服を着せられている状態であるならば、元の姿に戻ってしまうのは時間の問題です。結局、自分が心地良いと思わないことを継続していくのは難しいのです。

人は、それぞれが身体の特徴をなにかしら持っています。それも個性です。決してアスリートだけではありません。たとえば学生の頃のスポーツ歴や体型から来る体のクセや筋肉のつき方がそうです。首、おしり、ふくらはぎなどが部分的に発達するので、どちらかに合わせるとすると、どこかに不具合がでます。ある部分はぶかぶかになったり、右利きの人はどうしても右の腕が長めですし、筋肉も右側のほうがつきやすいもの。決して左右対称ではありません。大人になったら、服を自分に合わせましょう。

大人の凛としたスーツのシルエットには、年齢を重ねたからこそ醸し出せる「頼もしさ」という迫力と抑制された色気が漂います。スーツ姿は、男性をステキに輝かせるだけでなく、実は**人知れず体型補正が可能**なのです。スーツの作り方と構造にその秘密があります。厚い胸板を作るための筋トレよりも即効性がありますよ。

隆々としたマッチョな筋肉もおとなしく見えるケースがあります。それはぴたりと合ったスーツやシャツを着たときです。最近のジェームズ・ボンドを演じるダニエル・クレイグは、マッチョそのものですが、スーツを着ていると彼は着やせして見えます。脱いだら腹筋が割れていることも自慢でしょうが、脱がなくても品よくステキなほうが本人も周りもハッピーにすると思うのです。

トレーニングジムのオーナー、Y氏は、カジュアルなデニムのシャツをオーダーメイドしました。身長と体重はいたって平均的な数値ですが、学生時代のラグビー歴から標準よりも首が太く、既製のシャツを太い首に合わせて買うと、お腹周りがぶかぶかなことが悩みだったのです。

「スーツとドレスシャツで自分のサイズにしっくりいくものを身に着けたら、カジュアルな休日着であっても、既製服のサイズが合わないことが気になりだして、昔の服は自然と着たくなくなった」と語っています。
セルフコントロールが効いて節制できている身体には、ひときわスーツが似合います。仕事着であるスーツを〝お誂え〟で新調すれば、相手からの信頼感も自分に対する自信も不動のものとなります。「ずっと着ていたい」と思えるような心地よい服は、仕事に対するモチベーションも、パフォーマンスも上げてくれるはずです。

シンプルな服こそサイズ感と〝着づかい〟が如実にシルエットに反映されます。スーツこそシルエットが命。ですから自分にぴったりフィットするサイズのスーツを着なければなりません。
まず**自分の感じているサイズ感はあてにならない**ことを知っておきましょう。男性の中には着心地がラクだからといって、いつもワンサイズ大きめのサイズを選ぶ方が多いのですが、肩のラインが下がり、見た目がだらしなく、冴えない印象になってしまいます。しかもオーバーサイズの服は、正しい位置で服を支えていないので、生地の重さを感じて疲れやすくもなります。生地の風合いや色も大切ですが、それ以前に着ている人の体型と無理なく合っているかどうかが、スーツスタイルの決め手です。

バブルの頃には、当時の時代を反映して肩が大きく威嚇するようなデザインのスーツが流行りましたが、最近のスーツは、実際の肩周りに合わせるようにパットが薄めになっています。いくら今のトレンドとはいっても、肩幅よりも小さめのジャケットや、顔の輪郭に対して細すぎるラペルは顔を大きく見せますし、短めの丈でパツパツのパンツを履いていると品位が損なわれます。どうやっても知的には見えません。


シャツはジャケットの袖口から1センチから1・5センチのぞいていることが着こなしの美しさの黄金比で、大切なジャケットの生地を汚れから守るためにも良いとされていることは、シャツの項で触れました。しかし既製服で、このルールを徹底するのは至難の業です。また、特に首の背のカーブ部分は、ジャケットのシルエットを決めるうえで重要なポイントですが、〝お誂《あつら》え〟でジャケットを作る場合であっても、熟練した技術と職人技が必要とされます。

有名デパートの伝説の人気バイヤーさんは、「店頭でのジャケットの試着は最低でも

10着は着てみる必要がある」と言います。しかしわたしが察するに、おそらく男性一人で買い物に出かけた場合、10着を気長に試着できる男性は、よほどの洋服好きでない限り難しいと思います。

結局、自分のためのスーツを既製服の中から探すのは至難だという結論に至ります。今は手ごろな値段で提供しているお店もあるので、スーツは〝お誂え〟で作ることをお勧めます。テーラーがジャストサイズのものを作ってくれます。

実力あるテーラーを最大限活用しましょう。信頼できる方からの紹介、口コミが手堅い方法です。

イタリア語で〝ヒゲオヤジ〟を意味する『バルバジオ』のオーナー星野伸さんは、世界トップクラスの生地を扱い、瞬時に顧客のニーズを読み取るプロです。親しみやすい人柄で、あらゆるジャンルの話題に精通しているので、まるで噺家《はなしか》さんのように会話が面白いのです。短気で強面《こわもて》の男性でも、不思議なことに星野さんを前にすると、会話が弾みついついつい長居をしてしまうようなお店です。先代の頃から続く顧客を多く持ち、今では三世代にわたって顧客を抱えているそうです。いかに信頼が厚いかがうかがい知れますね。手掛けるスーツについて、顧客にうんちくこそ語りませんが、細部に星野さんらしい小粋な仕掛けがこっそり施されています。

〝お誂え〟スーツは、お店や担当者との相性が大切です。サイズだけでは測りきれない細かな部分があるので、コミュニケーションを大切にして、お店と良好な関係を築いていきたいものですね。

現代の〝お誂え〟スーツは、オーダーの形態が柔軟になり、手ごろな値段からも注文可能になっています。自分だけのために誂えた服は、その他大勢のために作られた服とはきっと別格に扱うでしょう。毎日のブラッシングやクリーニングなど、自然と入念にケアできるようにもなります。そして愛着もひとしおです。

百聞は一見に如《し》かず、です。まずジャケットをオーダーで作ってみると、見える景色が断然変わります。実際に袖を通して着てみる、自分仕様の服を経験することによって、あなたもきっと新しい気づきを得ることでしょう。

「服を〝お誂え〟に変えたら、クローゼットがお気に入りアイテムばかりになって、服を選ぶことに楽しみを見出《みいだ》せた。既製服ばかり買っていた頃とトータルコストはあまり変わらない。街行くおしゃれな人の服にも興味を持つようになった」というのは、既製服から〝お誂え〟服へと脱皮した長年の顧客の言葉です。一度注文服を試してみると、既製服には、もはや戻りできなくなるようです。

STEP③

さりげないこだわりを〝お誂え〟で実現

注文服には自由度によって次の3つの種類があります。

フルオーダー（ビスポーク）

ジェームズ・ボンドの映画の場面で、「その仕立ての良いスーツはどこのテーラーだ？」「サヴィル・ロウだよ」というセリフがあります。

かつての日本でも背広といえば誂えしかなかった時代もあり、当時は確かにかなり高額でした。お誂えスーツは、英語ではビスポーク（bespoke）と呼ばれ、その名の通り「何かについて語る」という意味で、テーラーさんとの対話からスーツ作りが始まることを暗示しています。それぞれのお店がハウススタイルという独自のスタイルや持ち味を持っていて、それぞれの得意技術を持つ仕立屋さんは、日本でも健在です。細かな採寸から一から型紙を起こして、仮縫いを経て、仕上がるまでには数か月を要します。

すべて手縫い作業になるので、一人の職人さんが縫えるスーツは1か月あたり二着ともいわれています。ご家族で代々贔屓《ひいき》にされている仕立屋さんをお持ちの方は別として、自分で開拓するには、ややハードルが高いかもしれません。

イージーオーダー

注文服の元祖のフルオーダーはお誂えの頂点ですが、値段が高価である点と納期がかかるのが欠点です。早くて2か月くらいが普通です。日本にはそれを解消するため極めてオーダーに近い、イージーオーダーシステムというものがあります。

これは和製英語ですが、採寸用のサンプルのジャケットやパンツを試着してみて、そこから細かな修正を加えて作るという手法です。デザインやサイズの補正が可能でかなり自由が利くので、感度の高い「自分仕様のスーツ・ジャケット・パンツ」が実現します。身体のゆがみからくるクセを持つ方にも対応してくれます。なで肩、猫背の前肩の修正やO脚の人のシルエットをまっすぐに見せるような補正も可能なのです。デザインでいうと襟幅の形や、ボタンの数、パンツの股上の細かな部分まで自分仕様に作れます。

フルオーダーとイージーオーダーは、初心者はスーツが仕上がるまで、完成型がイメージしにくいことが、短所として挙げられるかもしれません。最初は経験豊富な担当者の方に信頼して任せてみましょう。一つの作品をコラボレーションしてつくるようなものですから、雑談の中で職業や役職、どういう意図で自身を表現したいのか、自分を取り巻く環境など、顧客の潜在的なニーズを上手に聞き出せるかが、プロの腕の見せどころです。身体の特徴だけでなく、大切な情報を汲み取ってデザインに反映できたら、あなた自身を代弁してくれる最強の味方のスーツになること間違いなしです。

イージーオーダーシステムでも、裏地やボタンなどディテールの選択肢は豊富で、フルオーダーと比べて仕上がりに遜色はなく、コストパフォーマンスが高いです。

パターンオーダー

最近では、ジョルジオ・アルマーニもこのサービスを開始しました。既製のジャケットを自分仕様にお直ししようとすると、袖の長さとウエスト周りを若干絞ることは可能ですが、肩幅と着丈を変えることはできません。

着丈は一見お直ししても良さそうですが、ボタンの位置が変えられないため、全体的なシルエットを見ると、そこが不自然になってしまいます。パターンオーダーの利点は、既製服にプラスアルファの値段で、いくつかのモデルから選んで自分サイズに近づけるので、完成形がわかりやすいうえ、フルオーダーよりも納期が早いのが魅力です。

平均的な体型に近いという方は、まずはお気に入りブランドのパターンオーダーから試してみるのはいかがでしょうか。ベースになるデザインはブランドのものなので、ご自身でイメージしているスタイルが明確な場合は、とても有効です。短所としては、生地やディテールなどの自由度や選択肢の幅が、他のオーダーと比べると少なめになることです。

〝お誂え〟だからこそできること

オーダーで服を作るメリットは、服を自分の体型にピッタリ合わせることができることにあります。人の身体は左右で微妙に異なっていて、腕の長さも均等ではありません。

そうした身体のクセも考慮した仕上げが可能です。そのうえ〝お誂え〟は、あなたのパッションを隠れたところに盛り込める愉しさがあります。

暑がりの男性には、ジャケットの裏地がない背抜き仕上げや、芯や肩パッドをつけない一枚仕立てがお勧めです。薄めの生地で総裏にして3シーズン対応仕様にする方法もあります。ジャケットの表の生地は、紺やダークグレーにして、裏地だけに凝るのが上級者。ジャケパンスタイルでコーディネートの幅が広がります。たとえば、グレーのジャケットの裏地はサックスブルーや紺、暖色系が好きならば、えんじのストライプの裏地などにして、パンツなどに裏地の色を拾えば、表地が「無地」であっても表情豊かなコーディネートが完成するのです。

わたしが顧客をスタイリングするときには、ビジネスバッグ、名刺入れ、乗っている車、その内装、メガネの色、ネクタイの色、腰かけるソファの革、会社のテーマカラー、家族構成や趣味やスポーツと多岐にわたってヒアリングします。

たとえばグレーのジャケットを新調するとしましょう。その場合に、ジャケットに付けるボタンを、手持ちの小物や革靴の色に合わせて選ぶのです。黒のボタンにすると堅い印象になり、茶色ボタンならソフトなイメージで、ブラウンの革靴やジャケパンにも合わせられます。地味に見えるグレーのジャケットであっても、ボタンのセレクションで全体的な雰囲気が変わります。

自分仕様の裏地に変えてみたら、毎日の服選びのテンションが上がったというのは多くの顧客から聞かれる感想です。「コーディネートを考えるときに、裏地の生地に使っている配色をパンツやシャツの色合いを決めるときの参考にしています」とフィードバックしてくれた方もいます。

裏地のほかに、袖口のボタンホールの糸の色を一つだけ裏地の色に合わせる粋な工夫もあります。胸のところにあるボタンホールは、新郎が花をつけた名残でフラワーホールと呼ばれていますが、ジャケパンスタイルには、社章以外のものをつけたくなります。

〝お誂え〟ならではの袖口の縫い方に「額縁仕上げ」があります。額縁のように裏側できれいに折りたたんで縫い上げるもので、この処理は、日本のテーラー独特のようです。袖口をめくったときに、まるで絵画を飾る額縁のごとく美しい仕上がりになっています。袖口の長さを調整する必要がある既製服では真似ができない処理ですね。

袖のボタンが開閉できる処理を本切羽《ほんせっぱ》と呼びます。かつて外科医が手術の際に、袖口のボタンを開けて腕をまくることがあった昔の名残です。〝お誂え〟のジャケットでは標準仕様になっています。〝高級服は本切羽〟というステレオタイプな認識からか、最近は、安価な既製服でも本切羽が増えてきました。少し前までは既製服の袖口のボタンのボタンホールは単なる飾りでしたが。

本切羽にすると、袖の長さを変えるのに袖口を短くするのが不可能なため、肩口をはずして丈を調整しなければなりません。シルエットのバランスが崩れる危険性が高く、お直しの代金が高額になるので、あまりお勧めできません。高級な既製服の場合は、袖口にボタンがない状態で吊るしてあり、袖口が仮縫いの状態になっています。それは袖丈を合わせてから袖口を仕上げるためのものです。

裏地やボタンホールは、パッと見ただけではその差異はわかりませんが、〝お誂え〟を着ているからといって、いかにも注文服です、とこれみよがしに主張しないことこそオトナの着づかいです。既製服の裏地を選択する余地はなく、ポリエステルの単色が主流ですが、〝お誂え〟であれば好きな裏地が選べます。男性がジャケットを脱いだときや、書き物をしている手元から覗く裏地を、女性たちは見つめています。

きれいな色の裏地がちらりと見えることでおしゃれな男性ということだけでなく、「さりげないこだわりがあって、余裕があるのだな」というメッセージを相手は受け取っているのです。表生地はどこにでもありそうな紺ジャケットが、脱いだらエルメスやエトロのシルクの裏地だったという方は、まぎれもなく上級者です。

終章のまとめ

STEP①

・誂えシャツは長い目で見ればコストもお得
・スーツ用のシャツは胸ポケットなし
・ネームはこれ見よがしでない目立たない箇所にさりげなく
・第一ボタンを外したときに開きすぎないようにボタンを調整する

STEP②

・お誂えのジャケットは袖丈と首の背のカーブ部分が重要
・信頼できるテーラー、相性のよい担当者にお願いする

STEP③

・オーダーの種類を知って使い分ける
・王道ジャケットでも裏地を変えると差がつく
・「いかにも注文服」と主張しないさりげなさがオトナの着づかい

おわりに

理系が縁の下の力持ちだった時代は過ぎ去り、理系男子こそ前面に立って世界で活躍する場が増えています。理系の社長もしかりです。

しかし残念なことに、それなりにスーツを着ていても、きちんと磨かれたビジネスシューズを履いている理系ビジネスマンは、まだまだ少数派です。理系男子は機能性を重視するせいか、スーツにコンフォートシューズを合わせている人が多いのが現状ですから、伸びしろが大いにあります。足元まで気を配れる人は、他人を大切にできることの表れですから、周囲からは安心され、自然と頼りにされるような存在になっていくのです。

最近ニューヨークでは、ファッション性が高くリラックス感のあるウエアが、「アスレジャー」と呼ばれて流行っています。運動競技の athletics と余暇 leisure を組み合わせた英語の造語です。新しいライフスタイルの表現ですが、ネクタイ不要でカジュアルな社風のビジネスマンやエンジニアには、このスタイルが参考になります。パンツが機能性を帯びたスポーティーな生地でできていても、定番のジャケットを羽織ればビジネスシーンにも応用が可能です。

装いには歴史、ルール、マナーが存在し、物理の問題と同様、それぞれの人にとっての境界条件、初期条件があります。装いは、自身の所属する社会階層やアイデンティティーを表現するものでもあり、そうした制約条件をよく考えた選択が必要です。

初期条件は今この本を読み終えた、あなた自身の気持ちとワードローブです。こうした問題を解くのは、理系男子ならばお手のものですね。知識として蓄積しているだけでは、宝の持ち腐れです。繰り返しますが、特に今までファッションに縁がなかった人こそ変化率が高いのですから、あとは実践あるのみです。好奇心を持って、自分だけの解答を導いてみてはいかがでしょうか。

理系／文系、という分類もナンセンスな時代になりつつあります。また、お金や地位だけでは、人生の本当の意味でのしあわせは得られないことを心得ている大人も増えてきました。多くの情報が氾濫する世の中ですが、「男性のステキ化に関して、体系的にまとめた本がない」という顧客さまからの声が、この本を執筆するヒントになりました。

日常生活の中でのちょっとした気づきや喜びを糧に、良きことを実践していくことで、人はいつでも進化できます。毎日の装いを、かたちのない言葉として、グラデーションのように自在に表現できたらどうでしょうか。とても自然体でしなやかな変化。これが〝オトナの着づかい〟が目指すところです。

わたしは日本最大の養鶏ビジネスの創業者の孫として育ち、まさに「鶏口となるとも牛後となるなかれ」と願って、自分のビジネスを立ち上げるのが夢でした。既存の顧客からのご紹介のみに徹するという、今から思えばニッチで無謀な新規顧客の獲得方法でサービスを開始しました。主な顧客は、研究者、経営者、法曹界の方が中心で、決して人数は多くはありませんが、おかげさまでこれまで約10年継続してこられました。

この本では、ビジネスの成功のみならず、性別、年齢、役割を乗り越えて、多様な人生を謳歌している、魅力がつきない大人たちがたどった変遷をベースに、多角的にそれらのヒントを示したいという思いで執筆しました。〝オトナの着づかい〟が個性輝く人間関係と、より豊かな人生へお役に立てましたら幸いです。

読者の皆さま、最後までおつき合いありがとうございました。

最後に、原稿の構想から執筆にもご協力くださった慶應義塾大学理工学部教授・三田彰先生には、全面的なバックアップをいただきました。数々のインスピレーションの機会を本当にありがとうございました。

出版社とのご縁をつなげてくださった、慶應義塾大学大学院教授・前野隆司先生、執筆の貴重な機会を設けてくださった、ワニプラス・佐藤俊彦社長、多忙な中、何度もミーティングにお付き合いくださった、ワニプラス・宮崎洋一編集長、独立に際して、ビジネスモデル構築と経営学をご伝授くださった、京都学園大学客員教授・中川雅博先生、カウンセリング手法をご指導してくださった「心と声と言葉の調律師」こと米国ＮＬＰ

™認定トレーナー、ライターの山田詩乃先生、この場を借りて厚く御礼申し上げます。

また理系男子について貴重なご意見とフィードバックをくださった、東京大学大学院工学系研究科教授・中須賀真一先生、慶應義塾大学理工学部教授・松尾亜紀子先生、慶應義塾大学理工学部准教授・神原陽一先生、神奈川工科大学准教授・渡部武夫先生。理系経営者としてさまざまなアドバイスと取材協力をくださった、名雪稔さま、メンターの故・安井敏夫さま、テーラーに関してご助言いただいたバルバジオオーナー・星野伸さま、バーオソルの取材に協力してくださった、バレエスクール主宰・西澤悦子先生、ホテル業界における一流のサービスとエピソードを教えてくださった、髙橋寛さま、栄養指導してくださった3Dボディメイクオーナー・米澤幸次郎先生、紳士靴・シューシャインの取材に協力してくださった、カリスマシューシャイナー・井上源太郎さま、メガネのプロ、OBJ・イーストの藤原秀夫さま、大変お世話になりました。深く御礼を申し上げます。

本書の中でのイラストを快く引き受けてくださった、Sachiこと松永幸子さま、カバーのポートレートを撮ってくださったフォトグラファー・川口雅子さま、今までご縁をつないでくださった顧客のみなさま、そしてゆるぎなく支えてくれた家族全員に、心から感謝いたします。

２０１８年２月

境野詢子

参考文献

『紳士靴を嗜む』(飯野高広　朝日新聞出版)
『ロスチャイルド家の上流マナーブック』(ナディーヌ・ロスチャイルド　伊藤緋紗子訳　光文社)
『エレガンスの継承者たち』(伊藤緋紗子　フォーシーズンズプレス)
『ザ・ストリートスタイル』(高村是州　グラフィック社)
『すべての悩みは脳がつくり出す』(茂木健一郎　ワニ・プラス)
『生涯男性現役』(岩本麻奈　ディスカヴァー21)
『ビジネススーツを格上げする60のルール』(宮崎俊一　講談社)
『フランス人は10着しか服を持たない』(ジェニファー・L・スコット　神崎朗子訳　大和書房)
『デキる男のお洒落の極意』(森岡弘　髙橋みどり　講談社)

拝啓「オトナ理系男子」さま、”着づかい“のコツお教えします

パーソナルスタイリストの紙上「上質おしゃれ」教室

2018年3月25日　初版発行

著者　境野詢子

境野詢子（さかいの・じゅんこ）
実業家の3代目として埼玉県本庄市に生まれる。津田塾大学学芸学部英文学科在学中に英国ケンブリッジ大学交換語学研修を経て卒業後渡米。米国会計学単位を取得。工学系国際学会参加の機会に世界的研究者・一流経営者との人脈を構築。仏滞在後に帰国。ザ・リッツ・カールトン東京開業時、唯一の〝きもの〟着用コンシェルジュに就任。ユニークなおもてなしが新聞社の取材を受けるなど好評を博し、個人向けのスタイリングアドバイザリーサービスを開始し、起業。世界のレストラン情報に精通し、有名シェフに師事した料理の腕もプロ級。

発行者　佐藤俊彦
発行所　株式会社ワニ・プラス
〒150－8482
東京都渋谷区恵比寿4-4-9　えびす大黒ビル7F
電話　03－5449－2171（編集）
発売元　株式会社ワニブックス
〒150－8482
東京都渋谷区恵比寿4-4-9　えびす大黒ビル
電話　03－5449－2711（代表）

装丁　橘田浩志（アティック）
柏原宗績
イラスト　松永幸子　野田映美
DTP　小田光美（オフィスメイプル）
協力　三田 彰
印刷・製本所　大日本印刷株式会社

ISBN 978-4-8470-6126-4
ワニブックスHP　https://www.wani.co.jp